MUDANDO PARA MELHOR

KAU MASCARENHAS

MUDANDO PARA MELHOR

Programação Neurolinguística e Espiritualidade

1ª edição

Rio de Janeiro | 2017

CIP-BRASIL. CATALOGAÇÃO NA PUBLICAÇÃO
SINDICATO NACIONAL DOS EDITORES DE LIVROS, RJ

M361m Mascarenhas, Kau
Mudando para melhor: Programação Neurolinguística e espiritualidade / Kau Mascarenhas. – 1ª. ed. – Rio de Janeiro: Best*Seller*, 2017.

ISBN: 978-85-465-0030-7

1. Autorrealização. 2. Neurolinguística. 3. Espiritualidade. I. Título.

CDD: 158.1
CDU: 159.947

17-39620

Texto revisado segundo o novo Acordo Ortográfico da Língua Portuguesa.

MUDANDO PARA MELHOR
Copyright © 2017 by Kau Mascarenhas
Design de capa: Anderson Junqueira

Todos os direitos reservados. Proibida a reprodução, no todo ou em parte, sem autorização prévia por escrito da editora, sejam quais forem os meios empregados.

Direitos exclusivos de publicação em língua portuguesa para o mundo adquiridos pela
EDITORA BEST SELLER LTDA.
Rua Argentina, 171, parte, São Cristóvão
Rio de Janeiro, RJ – 20921-380
que se reserva a propriedade literária desta tradução

Impresso no Brasil

ISBN 978-85-465-0030-7

Seja um leitor preferencial Record.
Cadastre-se e receba informações sobre nossos lançamentos e nossas promoções.

Atendimento e venda direta ao leitor
mdireto@record.com.br ou (21) 2585-2002

Dedico este livro a todos os que fazem
da minha existência uma jornada feliz e que
me animam a aprender, crescer e mudar.

Sumário

Prefácio
É HORA DE MUDAR — POR JOSÉ MEDRADO   9

Introdução
A CRIANÇA NO SÓTÃO   11

Capítulo 1
TRANSFORMAÇÃO   23

Capítulo 2
DESAPEGO   57

Capítulo 3
PERDOANDO   81

Capítulo 4
O PORQUÊ E O COMO   119

Capítulo 5
A CONSTRUÇÃO DE UM SONHO —
SER ARQUITETO DA PRÓPRIA FELICIDADE   157

Capítulo 6
Saber querer   185

Capítulo 7
Integração e ação: mãos à obra!
Mãos de corpo e alma, certo?   207

Prefácio

É HORA DE MUDAR

POR JOSÉ MEDRADO

Continua permanente o desafio humano de dar novos horizontes a suas buscas e ideais. Estamos em um momento grave do mundo, no qual por todos os lados verificamos a desesperança e o medo. O homem está se igualando na horizontalidade do pessimismo, no esconderijo da depressão, na cave dos descontentamentos gerais. É preciso mudar. Já!

Diante dessa realidade, o sensível Kau Mascarenhas nos oferece um material para que possamos refletir sobre o que desejamos transformar em nossa vida e como viabilizar tais mudanças. No momento atual, em que por vezes as coisas nos parecem sem saída, *Mudando para melhor* ganha importância. Alimenta a certeza de que os caminhos estão aí, à nossa frente, necessitando, entretanto, que os desbravemos, a fim de mudar os rumos da nossa história.

Não se trata de um livro de autoajuda, pura e simplesmente. A proposta de Kau transita pela busca do entendimento dos intricados problemas do ser, do relacionamento humano, dos sonhos e aspirações, passando por análises e conceitos de caráter psicológico, em interessante bailado de histórias leves, mas de grande profundidade reflexiva. Ao lado de bem cuidadas avaliações comportamentais, emergem dicas e sugestões de caminhos para uma revisão de ações e/ou de hábitos, tudo sob inspiração de novos roteiros, norteados por explicações lúcidas e coerentes de como se alcançar o novo.

O cuidado do livro é, de fato, o de oferecer instrumentos para a transformação do leitor atento, sem qualquer intenção de proselitismo em direção de qualquer sistema ou religião, mas na direção do Eu, do interior.

Mudando para melhor é mais do que um convite. É um roteiro sensível e profundo, em nada enfadonho ou arbitrário, para quem quer buscar novos horizontes em direção a uma nova era, um novo ser.

José Medrado é baiano, fundador da Cidade da Luz, instituição educacional e cultural que abrange orfanato, escola, núcleo assistencial e centro espírita, localizada na cidade de Salvador, BA. Médium de diversas faculdades, destaca-se na pintura mediúnica. Escreve semanalmente no jornal baiano *A Tarde* e apresenta o programa *Visão Social* pela Band BA, entre outros.

Introdução

A criança no sótão

Eu estava com dez anos de idade. O silêncio daquela tarde era quebrado apenas pelo barulho que os adultos faziam, conversando na cozinha. No quarto da minha avó paterna, sozinho, sentado em sua cadeira de balanço, deixava o tempo passar depois do almoço.

Era um típico quarto de mulher idosa, com cheirinho de talco e paredes pintadas de cor-de-rosa. Uma delas estava repleta de quadros com imagens de santos. Havia também um belo crucifixo e um quadro grande, que sempre me impressionava muito. Tratava-se da representação de Deus como um velho de barba branca sobre nuvens, segurando em suas mãos uma balança. Num dos pratos havia a alma de um homem bom. Em pose contrita de mãos unidas, orando, ele era amparado por anjos. No outro prato, a alma de um pecador, atormentado por demônios.

A balança pendia para o lado do prato da direita, por conta de ser mais pesada a alma boa que ele carregava, como uma lógica consequência de terem as virtudes da vida no bem mais peso e valor.

Logo abaixo da balança, como numa espécie de flashback, havia imagens da vida do homem bom e de sua morte. Do lado oposto, algumas passagens da vida do pecador e da forma como deixou a Terra. *"La muerte del justo y la muerte del pecador"* era a frase que se encontrava na parte inferior do quadro, bem perto da moldura. Num recorte em cada lado viam-se para o justo e para o pecador seu destino: o primeiro ascendia aos céus, carregado por anjos, enquanto o segundo descia aos infernos, arrastado por demônios.

Esse trabalho pictórico refletia muito bem a ideia antiga de castigo e punição que Deus orquestrava para os erros cometidos na Terra e todos os benefícios de se ter uma vida reta e virtuosa. Mudar para melhor, segundo o pensamento tradicional de algumas correntes religiosas, é algo imperativo, e baseia-se na dinâmica de recompensa e punição a partir de uma regência divina.

Hoje minha forma de ver as coisas diverge muito desse pensamento. Acredito que é importante mudar para melhor, não por medo de consequências funestas ou por mirar premiações. É, na verdade, uma busca pelo bem viver, por se ter o prazer de sair de um patamar e chegar a outro mais feliz.

Contudo, naquela tarde, o Kauzinho-criança olhava para aquele quadro com enorme respeito. Fixei mais uma vez o olhar no Deus-vovô e depois o dirigi para o teto. Vi um forro de madeira pintado de bege, e nele um alçapão.

Nunca havia me dado conta daquela abertura; a entrada para um mundo desconhecido e misterioso. O que poderia haver lá em cima?

Minha curiosidade foi maior que o medo de ser repreendido por fazer uma travessura. Pensei: "Será que estou sendo pecador por querer olhar o que há lá dentro sem pedir permissão?"

Não perdi muito tempo alimentando essa dúvida. A barba branca do Deus estampado ali no quadro não me ameaçava. Era, de repente, um atenuante muito eficiente. "Alguém que parece Papai Noel não deve ser tão cruel assim na hora de repreender ou castigar" — devo ter pensado algo assim. Subi na máquina de costura da minha avó, usando-a como degrau para escalar um gaveteiro alto, e dele alcancei o topo do guarda-roupa. Dali de cima, pude abrir o alçapão e me maravilhar com tudo o que havia sobre o forro. Apenas com metade do corpo dentro do ambiente empoeirado e sombrio, já me sentia como uma espécie de aventureiro, um Indiana Jones, que não se intimidava com absolutamente nada em sua missão de encontrar alguma relíquia arqueológica.

Em minha mente sonhadora e criativa, aquelas caixas de papelão que via lá em cima pareciam baús recheados de tesouros. E realmente eram tesouros, pelo menos para mim. Subi no forro e comecei a mexer em tudo.

As caixas continham roupas velhas, revistas e jornais muito antigos. Mas o que realmente me deixou maravilhado foi a grande quantidade de exemplares de almanaque de remédios, dos anos de 1950 e 1960. Eram revistas anuais, cheias de ilustrações, propagandas de remédios, matérias sobre assuntos variados e muitos passatempos. Espirrei bastante com a poeira, tomei susto com algumas baratas que saíram das caixas, mas a deliciosa sensação de me lançar naquela busca de *não sei bem o que* compensava qualquer perigo. Fiquei por lá um bom tempo, lendo e me divertindo sozinho, feliz com a descoberta.

Acredito que sempre mantive esse espírito curioso e determinado, que não se intimida com os obstáculos quando quer alcançar um objetivo. Aliás, todos nós o temos.

Quero muito que você, leitor, à medida que for lendo as páginas deste livro, veja a criança de dez anos que habita em seu universo interior encontrar aquela que mora dentro de mim. Ambas terão, juntas, a oportunidade de brincar, lançando-se na doce aventura de descobrir coisas diferentes.

Este livro é um convite a uma corajosa experiência de mergulhar em seu mundo interno, mexer em coisas guardadas, e de proceder atitudes de renovação.

Ele está alicerçado em bases bem definidas: Programação Neurolinguística e Espiritualidade.

A primeira base, que também é conhecida por PNL, é uma ferramenta muito poderosa de autoconhecimento e transformação.

Criada na década de 1970 na Califórnia, EUA, a PNL se espalhou por diversos países e a cada dia é mais respeitada em todo o mundo. Seus pais são dois homens geniais: Richard Bandler e John Grinder. Inicialmente, foi vista como um conjunto de técnicas e conceitos de comunicação e pensamento muito útil ao contexto profissional; uma espécie de disciplina voltada para ajudar pessoas a ter mais sucesso no trabalho, qualquer que fosse a sua área de atuação, a partir de um melhor uso do cérebro. Nos dias atuais, a PNL é também reconhecida como um excelente suporte para autodescobrimento e desenvolvimento espiritual. Por isso, tem sido estudada com muita frequência por líderes religiosos de diversas correntes, e também por pessoas que buscam as dimensões maiores e transcendentes para a compreensão da vida, independentemente de credos ou rótulos.

Não farei uso de apenas uma corrente de entendimento da psique humana, no entanto. Você encontrará, em alguns momentos, tópicos que se apóiam em outros modelos, filosóficos e psicológicos. Acredito muito na importância de se beber em várias fontes. E a própria programação neurolinguística sugere a busca da excelência onde quer que ela esteja.

A segunda base, Espiritualidade, é bastante ampla.

Se sou eclético no tocante às minhas incursões em escolas da psicologia, sou ainda mais livre em minhas estradas espirituais. Tenho uma forma bem holística de entender a vida da alma e posso neste livro colocar pensamentos budistas lado a lado com uma passagem bíblica ou um trecho retirado da codificação kardecista.

Em algumas páginas, você encontrará temas como reencarnação e vida pós-morte, que são crenças fortes minhas. Na verdade eu já uno PNL e espiritualidade em algumas linhas de trabalho, como as palestras que realizo em várias cidades no Brasil ou no exterior. Interligar essas estradas de investigação também num livro era, para mim, uma ideia altamente estimulante.

Assim, já que o tema do livro é *mudança*, comecei por organizá-lo de modo a conter um pouco de tudo o que já descobri e que foi valioso em minhas próprias transformações, para que eu pudesse contribuir com os processos de desenvolvimento de outras pessoas.

Se algumas dessas ideias não fizerem parte de seu paradigma, peço a você, leitor, que simplesmente entenda como pontos de vista divergentes entre inúmeros outros que podem ser comuns. Definitivamente, não é um livro para ser lido apenas por pessoas que abraçam os mesmos valores e convicções que eu. Acredito que você possa acessar sua flexibilidade, desde já, e deixar que ela se mostre uma aliada ao seu processo de crescimento. Podemos mais facilmente crescer, aprender e mudar, rumo ao sucesso em vários panoramas da vida, quando estamos abertos ao diferente.

Se, em algum momento, você encontrar aqui qualquer ponto que seja frontalmente antagônico com algum de seus valores ou bater de frente com alguma de suas crenças, apenas respire fundo e o coloque numa prateleira aí dentro da sua mente. Sem jogar fora o que já possui, apenas acrescente ao seu repertório essa nova forma de ver a vida. Assim, ao invés de apenas uma alternativa, você terá duas. Não precisa aceitá-la só porque eu a estou apresentando, apenas guarde-a.

Talvez essa seja não só a melhor forma de se viver com pessoas, mas a única forma real de se encontrar felicidade num mundo tão plural, em que mergulhamos em pensamentos diferentes desde que abrimos nossos olhos para a vida física, até o momento em que os fechamos, na experiência de transição que chamamos de morte.

Outra coisa que você encontrará abundantemente nas páginas seguintes: metáforas.

Adoro ouvir e contar histórias, fábulas, contos e casos, certo de que essa é uma forma esplêndida de se transmitir conhecimento e que, por isso mesmo, é usada desde os tempos mais remotos como ferramenta pedagógica que une as mais diferentes culturas. Apresento igualmente textos meus, que se mostram em linguagem poética. Espero que aprecie essa forma de arte.

Procuro também fazer deste livro uma espécie de diálogo com você, a exemplo da forma como conduzo as pessoas que assistem às minhas palestras, seminários e cursos.

Pretendo ser mais um amigo gentil do que um mestre incisivo e provocador; mais um irmão doce e carinhoso do que um pai educador; mais um companheiro de estrada, em aprendizado contínuo, do que guru que tudo sabe. De qualquer modo, quero provocar você.

Na verdade, eu não precisava escrever esse livro. Eu queria escrevê-lo.

Sou muito mais movido pelo prazer do que a empurrões. Escrever sobre esses temas era uma ideia saborosa que se converteu numa atitude mais saborosa ainda. Creio que é parte da minha missão — caso exista — compartilhar essas informações e me tornar construtor de pontes, unindo aspectos que para muitos podem ser vistos como inconciliáveis.

A sua criança vai ser estimulada por esse livro. É verdade. Contudo, quero incentivar também o encontro com outras partes que habitam em seu interior.

Viajemos agora no tempo e no espaço. Que tal visitarmos a França do século XIX? Imagine o pintor Claude Monet dedicando horas do seu dia a olhar atentamente as mudanças de luminosidade que surgiam por conta do deslocamento do sol pela abóbada celeste. Ele pintou, por exemplo, a catedral de Rouen em muitas telas, a partir do mesmo ângulo, cada uma em horário diferente do dia, plenamente fascinado com as mudanças que ocorriam na imagem da imponente construção em virtude da incidência diferenciada dos raios solares. Como um bom impressionista, queria fazer em sua arte o registro da mudança, da transformação, e de como se pode mudar tanto sem deixar de ser quem se é, ou o que se é. Obras das mais lindas surgiram dessa experiência.

Meu convite é, portanto, que você encontre aí dentro de si também o pintor que se dedica a olhar com atenção redobrada o dinamismo da vida. Aproveite e seja igualmente o próprio Sol, que transforma a paisagem ocasionando o deslocar das sombras e o tingir variado de tudo o que existe. E que seja também as construções, o rio, as árvores, o céu, e os seres inúmeros que compõem a paisagem.

Então? Que tal chamar a sua criança de dez anos e lhe mostrar o alçapão?

Mover-se na direção do desconhecido é o primeiro passo. Escalar os obstáculos, fazendo deles degraus, é a atitude que vem em seguida. Arriscar mexer naquilo que está guardado e empoeirado é mais uma ousadia a ser posta em prática.

E, depois das descobertas, as reformulações e atitudes. Aí pode chegar o pintor, essa parte criativa que não se contenta em apenas observar, pois quer partir para a ação. Espero que tudo o que verá aqui estimule você, profundamente, a mover-se na direção do novo.

Quero pedir-lhe algo, antes que vá adiante na leitura. Jura que me atenderá? Peço para simplesmente dizer a si mesmo, lendo em voz alta o seguinte texto:

> *Quero mudar aspectos da minha vida e utilizarei este livro para fazer meus saltos acontecerem. Alguns serão pequenos; outros, gigantescos. O que importa é que estarei cada vez mais pleno se me unir ao fluxo da vida, em sua proposta de transformação incessante. Apesar de não oferecer garantias a vida apresenta caminhos. Quero mudar. É importante mudar. E mereço mudar para melhor.*

Agora já pode continuar a leitura. Espero que tenha bons momentos de reflexão e grandes impulsos de ação, assumindo ser a criança que arrisca remexer o que está guardado, e o artista que faz da própria vida uma obra-prima.

Com amor,
Kau Mascarenhas
Em Salvador, Bahia, Brasil.

CAPÍTULO 1

Transformação

Recado do lago

Sou um lago que reflete o azul do céu, embora não seja o céu.

Mesmo sendo lago, tenho o sol em meu espelho, tenho as nuvens em minha superfície, e à noite tenho a lua e as estrelas me adornando.

Vou mudando de forma, continuamente, a depender da estação do ano. Posso tornar-me menor ou maior, mais calmo ou mais movimentado, mais cristalino ou mais turvo.

O mais importante é a riqueza que guardo em meu interior, os peixes que abrigo, e a vida que habita ao meu redor, as flores cuja existência permito às minhas margens, e as aves que vêm se encontrar e brincar em minhas águas.

Nunca serei o mesmo e sempre serei eu mesmo.

Não temo a mudança — eu a abençoo.

E mais tarde, quando deixar de ser lago definitivamente, a minha água habitará o oceano ou o mais profundo veio da terra, o meu leito será, talvez, uma floresta, e minha memória estará eternizada em todos os que se beneficiaram com meu ser inconstante.

Uma das cartas mais temidas no jogo do tarô é a de número 13: a Morte.

Lembro-me de que na adolescência, algumas vezes em que estive com alguém que sabia ler cartas, eu me arrepiava quando via a imagem da caveira com foice aparecer abruptamente no momento em que a carta era virada.

Hoje, tenho conhecimento de que a tal carta não precisa assustar ninguém. A maior comunicação que ela traz, sob o ponto de vista simbólico, é a transformação.

A figura do esqueleto nos lembra a fugacidade da vida física e o destino natural de todos os seres humanos. Mas ele se mostra em movimento, em ação. É morte e também é vida, portanto. Curiosamente, alguns desenhos de cartas de tarô mostram esqueletos que quase estão dançando de tão dinâmica sua representação.

A foice — instrumento que, segundo a mitologia grega, Cronos usou para castrar o pai, Urano, e se tornar líder — traz a ideia do poder que troca de mãos no eterno fluir da Vida. É também uma lembrança da ferramenta usada nas colheitas e que, mais especificamente, ceifa o trigo para transformá-lo em pão.

Em alguns baralhos, a carta 13 aparece trazendo folhas secas no chão. Essa imagem representa a sabedoria da Natureza, que faz as árvores se despirem no inverno para que se abra espaço para o novo, quando florescer a primavera.

Dinamismo, transformação e impermanência são faces de uma realidade com a qual todos nós nos deparamos em cada instante da nossa existência. Resistir a essa realidade pode trazer grande dor, grande sofrimento. É natural temer o novo. O medo da morte é, portanto, o medo do estranho, do desconhecido, do que pode nos pegar de surpresa, daquilo com o qual não temos familiaridade. Acostumamo-nos com um estado de coisas e queremos mantê-lo ao máximo, como se durabilidade fosse uma característica imprescindível para que algo seja bom: "Se for demorado é benéfico; se for fugaz, não presta". Essa é uma crença muito frequente para boa parte das pessoas.

Com isso, esquecemos o valor de um momento ou de uma curta experiência que, mesmo sem durar tanto, em termos cronológicos, pode ser eterna em memória e importantíssima em significado. E ainda há outra consequência dessa crença, que leva boa parte das pessoas a relutar em deixar ir aquilo que não está mais trazendo a felicidade esperada.

Alguém prefere manter-se, por exemplo, no emprego que o torna doente ou insatisfeito. Outro decide permanecer ao lado de alguém que não ama mais ou que, mesmo existindo o sentimento, a relação ocasiona experiências dolorosas, que fazem surgir feridas no coração.

Há quem mantenha a mesma forma equivocada de agir com os filhos, pois esse é o conjunto de padrões comportamentais que aprendeu com seus pais. Há aqueles que se entregam a vícios alimentares, ou permanecem ingerindo toxinas diversas por não quererem abrir-se à possibilidade de encontrar prazer em outros níveis. Outros, ainda, aceitam por obrigação — e não por consciência — crenças religiosas que já não mais atendem aos seus anseios evolutivos.

Em suma, acatam a mesmice como uma gaiola dourada, protetora, mesmo que ela impeça qualquer movimento em direção à exuberante natureza que existe ao redor, mesmo que mutile energeticamente suas asas que, em dado momento, não mais terão vontade de voar.

É PRECISO MORRER PARA SE ESTAR VIVO

Refletindo sobre essas coisas lembro-me de uma antiga fábula.

> *Era uma vez um rei que resolveu fazer uma viagem à África com o intuito de conhecer paragens novas, e trazer animais e objetos exóticos para seu castelo.*
>
> *No meio de uma floresta encontrou um bando de papagaios mágicos falantes. Eles faziam grande alarido, can-*

tavam e conversavam de forma maravilhosa e intrigante. O rei e seus acompanhantes conseguiram capturar apenas um desses papagaios, enquanto os demais fugiram para o alto das árvores.

O rei voltou então para a Índia com sua ave preciosa e a instalou numa linda gaiola feita de ouro. Alimentava seu papagaio mágico diariamente com sementes e frutos caríssimos. Antes do anoitecer, o rei cantava para o seu pássaro e conversava horas seguidas com ele.

O papagaio começou a habituar-se àquilo e se julgava feliz vivendo dessa forma.

Alguns anos mais tarde o rei lhe disse que precisaria ir à África outra vez. Perguntou se queria que ele transmitisse algum recado aos seus amigos, lá no meio da selva.

— Diga-lhes que estou bem, que moro numa gaiola feita de ouro e que recebo atenção e cuidados de Vossa Majestade e dos criados — respondeu a ave.

— Perfeitamente. Direi isso aos seus amigos papagaios — falou o rei, sorrindo, e se retirou.

A viagem transcorreu serena e, quando a expedição chegou ao ponto da floresta onde viviam os papagaios mágicos, o rei lhes gritou:

— Meus bons amigos emplumados, lembram do irmão de vocês que eu levei comigo há algum tempo? Ele pediu que lhes desse um recado — e falou exatamente o que seu papagaio havia pedido. — Ele mora numa gaiola de ouro e vive feliz ao meu lado. Vocês querem lhe mandar algum recado?

Surpreendentemente todas as aves começaram a chorar e caíram no chão, como se estivessem mortas.

O rei espantou-se e imaginou que elas haviam morrido por conta da saudade do antigo companheiro. De volta ao castelo, pesaroso, contou ao seu pássaro o que havia ocorrido com o bando.

O papagaio começou a chorar e caiu igualmente no chão da gaiola, permanecendo imóvel. O rei, entre surpreso e triste, pegou o papagaio e percebeu que ele estava rígido, imóvel e, dando-o como morto, levou-o até o jardim. Deitou-o sobre o gramado e ficou a meditar. De repente, o papagaio agitou-se e voou em seguida para o alto da maior árvore do jardim.

O rei então gritou:

— Você me enganou! Fingiu que estava morto e agora fugiu. Por que fez isso?

E o papagaio respondeu:

— Apenas segui o conselho que todos os meus amigos me deram, com a atitude que tiveram na selva. Eles estavam a me dizer que se quero viver feliz e com liberdade é preciso que eu morra. É preciso morrer para se estar vivo.

Deixando algo para trás

De fato, é muito importante perceber que, se queremos viver com felicidade e liberdade, é importante morrer em alguns aspectos. Deixar para trás aquilo que já cumpriu o seu papel em nossa vida e abrir espaço para o que ainda vai chegar.

Em seminários e palestras, costumo brincar com a plateia, perguntando quais dos presentes sofrem da Síndrome da Gabriela. São as pessoas que pensam "Eu nasci assim, eu cresci assim, eu sou mesmo assim, vou ser sempre assim...", como diz a linda canção do compositor baiano, Dorival Caymmi.

Pessoas que estão sofrendo com essa *síndrome* imaginam que não há outra alternativa a não ser conformar-se com a sua vida, da forma em que ela está. É costumeiro ouvir dessas pessoas frases como: "Não adianta, essa é a minha natureza". Gosto de responder que a coisa mais certa em termos de natureza, seja ela qual for, é justamente a renovação constante, a mudança.

Pior ainda é ouvir algo do tipo "se melhorar, estraga". Alguém que fala isso se imagina de fato na felicidade da gaiola dourada. Não é possível haver algo maior, ou melhor, além das suas grades. Aliás, não há patamar maior de prazer, paz, alegria ou satisfação do que aquele em que se encontra. Qualquer coisa maior se mostra como exagero e, portanto, é ruim. Como se pudesse haver excesso negativo em se tratando de felicidade.

A cada fase da vida é possível perceber que tudo muda. À medida que ganhamos consciência e maturidade, podemos observar que, por mais dolorosa que tenha sido a mudança, ela ocorreu para melhor.

Sabemos, por diversos textos religiosos e filosóficos, que há uma lei de destruição. Ela se encarrega de fazer a impermanência acontecer em todos os contextos em que estamos inseridos.

Aquelas coisas tidas como as mais certas desaparecerão e outras virão em seu lugar. Não há relacionamento, forma de ser, paradigma, pensamento, valor ou estrutura que em algum instante não venha a sofrer mudanças.

Aquilo que é bom em dado momento será obsoleto, merecerá atualização ou precisará ser profundamente alterado. É como se houvesse um impulso natural da vida que transforma o que é bom em algo ruim com o passar do tempo. Já percebeu isso? A maior parte das coisas que hoje julgamos boas, daqui a algum tempo serão vistas como más.

Vemos que até mesmo relações afetivas podem ter um *prazo de validade*. Não significa que precisam acabar. Algumas delas merecem apenas sofrer transformações. Outras, de fato, estão produzindo mais dissabor do que felicidade, e ainda assim os envolvidos insistem em se machucar, contentando-se com o *pouco certo* que julgam melhor do que o *muito duvidoso*. Ou, traduzido na expressão popular: "Ruim com ela (e), pior sem ela (e)."

A vida parece fazer convites quando nos aproximamos do momento limite. Parece dar sinais que vão sendo cada vez mais fortes. É importante ter desenvolvida a capacidade de perceber quando é chegado o momento da mudança, antes que a vida precise gritar muito alto. É bom estarmos atentos para notar os recados que chegam e que apontam os diversos tempos. Vivemos muitas vidas numa só vida.

Gosto muito do texto do Eclesiastes (Ec 3:1-8), que resume muito bem esse pensamento.

> *Tudo tem o seu tempo determinado, e há tempo para todo o propósito debaixo do céu:*
> *Há tempo de nascer, e tempo de morrer;*
> *Tempo de plantar e tempo de arrancar o que se plantou;*

Tempo de matar, e tempo de curar; tempo de derrubar, e tempo de edificar;

Tempo de chorar, e tempo de rir; tempo de prantear; e tempo de dançar;

Tempo de espalhar pedras, e tempo de ajuntar pedras;

Tempo de abraçar, e tempo de afastar-se de abraçar;

Tempo de buscar, e tempo de perder; tempo de guardar, e tempo de lançar fora;

Tempo de rasgar, e tempo de coser; tempo de estar calado e tempo de falar;

Tempo de amar, e tempo de odiar; tempo de guerra, e tempo de paz.

O QUE VOCÊ VEM TOLERANDO?

"Tolerar é ofender."

Goethe

Reconhecer quando é chegado o tempo de fazer alterações em diversos campos é de suma importância. Tanto nas pequenas como nas grandes coisas. Em diversos contextos.

Há três casos curiosos que ocorreram comigo e ilustram bem essa questão do *timing* da mudança.

Houve um momento em que, de uma hora para outra, o teclado do meu computador começou a apresentar um defeito. Sumiram algumas letras. Eu teclava "u", "o" e "v" e nada aparecia. Comecei então a copiar as letras desaparecidas e a colar nas palavras para poder escrevê-las corretamente. Você deve imaginar quanto tempo eu perdia nesse processo. O mais curioso é que levei uns dois dias tolerando esse desconforto, respondendo e-mails dessa forma absurdamente contraproducente de digitar. Até que em dado momento minha paciência se esgotou, soltei um palavrão, e saí de casa imediatamente para comprar um novo teclado.

Em outra ocasião, por conta da velha falta de tempo, dia a dia adiava levar meu carro à oficina, simplesmente tolerando o barulho esquisito que ele vinha fazendo. Pensava: "Ainda vai aguentar um pouco mais. Depois dou um jeito nisso". Até que a máquina resolveu parar de vez, e me deixar numa estrada deserta. E, por azar, meu celular não estava carregado, e tive dificuldade em providenciar socorro mecânico.

Logo no início da minha vida profissional, como arquiteto recém-formado, dedicava meu tempo a fazer serviços como designer de móveis para uma empresa. Muitas coisas ali dentro não me agradavam sob o ponto de vista do relacionamento interpessoal dos diretores com os membros da equipe e com os clientes. Eu tolerava aquilo tudo e ia *deixando para lá*, a fim de evitar problemas. Até que optei por sair da empresa e procurar novos horizontes, criando oportunidades de maior satisfação, qualidade de vida e rendimentos.

E você leitor? Quantas coisas você vem tolerando?

Quantas realidades insatisfatórias, velhas, desagradáveis ou desconfortáveis você simplesmente deixa que façam parte do seu dia a dia e não ousa mudar?

Podemos chamar de *tolerâncias* esses pequenos ou grandes pedacinhos da nossa vida que não funcionam bem e que simplesmente vamos suportando, em função de uma resistência à transformação.

Pode ser desde a torneira do banheiro que sempre fica pingando, ao relacionamento com um ente querido, cheio de brigas e desrespeito. Pode ser desde o relógio com a pulseira quebrada, que você preferiu deixar na gaveta há meses, ao excesso de serviço no escritório, com o qual você já se habituou. Pode ser da pequenina dor no peito, que você vem sentindo há semanas e nunca cuidou, ao sexo sem carinho, mecânico e cada vez mais raro que você tem com seu companheiro ou companheira.

O que vem se acumulando em sua vida, em termos de aspectos insatisfatórios? O que merece mudar para melhor e o compele a praticar seu senso de amor-próprio, que se mostra sobretudo pelo respeito a si mesmo?

Há uma metáfora muito interessante que narra a viagem de um escritor. Em certo ponto da estrada, que cortava um deserto norte-americano, o homem resolve parar o carro num posto de gasolina para abastecê-lo. Vê um velhinho perto da bomba de combustível e ao seu lado um cachorro deitado, que uivava de dor. O homem pede que o velhinho ponha a gasolina e fica observando intrigado o cachorro, que não para de gemer.

— O que acontece com esse cão? — pergunta o escritor ao velho. — Por que ele não para de uivar?

— Ah! É porque ele está deitado na tábua.

— Só por isso?

— Bem, é que na tábua há um prego.
— Sei... E porque ele simplesmente não sai de cima do prego?
— Meu amigo — responde o velhinho —, é porque a dor é suficiente apenas para que ele gema e se lamente. Mas não é suficiente para que ele saia de cima do prego.

Em muitos momentos agimos assim. Algo nos incomoda, chateia e atrapalha o crescimento em diversos sentidos. Contudo, nos habituamos tanto àquele estado de coisas que vamos deixando simplesmente as coisas ficarem como estão. Até nos queixamos, reclamamos, mas pouco empreendemos na direção de uma mudança real. Simplesmente não saímos de cima do prego.

Que tal agora avaliar em quais áreas da sua vida há tolerâncias que merecem uma observação mais cuidadosa e certa energia para que a transformação aconteça?

É bom lembrar que para resolver algumas delas vai ser importante contar com recursos materiais ou com alguma ajuda. Pode ser também que certas mudanças demandem um tempo maior para que se efetivem. De qualquer forma, é possível estabelecer prioridades e fazer movimentos em sua direção. A pergunta é: Uma vez identificada a situação insatisfatória, o que posso fazer agora para caminhar na direção da transformação?

Peço que liste pelo menos cinco tolerâncias em cada contexto que se segue. Deixo também algumas perguntas, que podem ajudar a identificar as tolerâncias:

Vida a dois

Você dá o carinho, a atenção e o respeito que seu companheiro (a) merece? Você recebe a atenção, o carinho e o respeito de seu (sua) companheiro (a), que julga merecer? Você está satisfeito com sua vida sexual? Você guarda mágoas em relação a ele (a)? Você tem algo a falar, algum assunto a tratar e simplesmente vem engavetando? Você passa o tempo todo evocando temas complicados e produzindo D.R.? Você acha justa a divisão de atividades que estão fazendo? Quais são as questões relacionadas à vida do casal que estão pedindo atenção?

_____
_____
_____
_____
_____

Vida profissional e financeira

Há coisas a arrumar em suas pastas, mesa do escritório ou gavetas? A sua atual atividade lhe oferece prazer, satisfação e alegria? Os rendimentos que você tem são satisfatórios? Para tornar-se mais competente em alguma área do seu trabalho você poderia fazer algum treinamento? Qual?

Como está seu relacionamento com sócios, colegas, chefia e clientes? Há contas atrasadas, pendências em vermelho? Quais?

_____
_____
_____
_____

Residência

Você reside numa casa que lhe oferece bem-estar? Hoje, existe algo que possa se transformar nesse sentido? Há algum serviço elétrico ou hidráulico que precise ser feito? O armário encontra-se arrumado? Você tem acumulado velharias e objetos inúteis? Como você se sente ao chegar em sua casa? O que pode dizer do bairro em que mora? E da sua vizinhança?

_____
_____
_____
_____
_____

Corpo físico, saúde e estética

Você está adiando fazer alguns exames médicos? E a visita ao dentista? Você tem se alimentado de forma balanceada? Tem ingerido toxinas, por conta de vícios? Como está seu peso? Vem fazendo exercícios regularmente? Quando olha-se ao espelho o que sente? Quais os adjetivos que lança ao seu corpo quando se trata de saúde e estética?

_____

_____

_____

_____

Aspecto espiritual

(Observe que nem todas as pessoas têm caminhos de transcendência em sua vida, ou qualquer religiosidade. E não há nada errado nisso. O espiritual aqui pode ser concernente apenas a aspectos mais sutis da vida interior e das conexões com sistemas maiores que o Eu) Como anda sua vida interior, sob o ponto de vista do contato com realidades maiores do que a matéria? Tem orado, refletido e meditado? Como você vem contribuindo com a Vida?

Tem conseguido tempo para realizar alguma atitude em favor da felicidade de outras pessoas? Os valores que abraça estão de acordo com suas atitudes?

_____

_____

_____

_____

_____

As perguntas sugeridas têm apenas a finalidade de lembrar aspectos que não estão em nível satisfatório e, por isso, trazem a sensação de carência e limitação. A cada vez que nos concentramos naquele aspecto, ou deparamos com essa realidade insatisfatória, é como se um pouco da nossa energia fosse, de alguma forma, minada.

Resolver e transformar gradativamente tais aspectos pode se tornar mais fácil quando os listamos e, de fato, nos empenhamos em cumprir metas, traçadas inicialmente. A cada dia fazemos alguma coisa ou realizamos parte do planejamento. É a aplicação prática da máxima de estratégia: *Dividir para conquistar*. Além de tudo, é natural que surja uma grande sensação de bem-estar quando atingimos os resultados e percebemos a transformação concretizada. É como se nos alimentássemos de cada vitória parcial para, com ânimo renovado, encarar a etapa seguinte.

É possível que você fique intrigado com o valor que dou a pequenas coisas, tais como um problema hidráulico em casa ou o armário cheio de velharias. Na verdade, cada uma das realidades insatisfatórias, que chamo de tolerâncias, tem uma importância simbólica.

Algo que causa incômodo e simplesmente continua a existir é uma espécie de termômetro para medir o quanto estamos nos sentindo incapazes de produzir ação, de mover a roda da vida e o quanto permanecemos inertes, surdos aos convites de transformação.

E, é claro, há coisas que podem ser resolvidas por outras pessoas. É muito útil também desenvolver a capacidade de delegar poder e partilhar responsabilidades.

É importante lembrar que, quando citamos "Tolerar é ofender", como nos mostra a obra de Goethe, não desconsideramos paciência e acolhimento diante das diferenças, sejam de natureza étnica, religiosa, sexual ou equivalente. Tolerar é uma ofensa no sentido aqui explorado, isto é, quando o fazemos certos de que há algo inferior ou negativo, aquém do possível, que simplesmente aceitamos, contentando-nos preguiçosamente e, às vezes, acatando de forma medíocre.

Que tal imaginar agora, leitor, que você é capaz de mudar tudo o que quiser em sua vida, tornando-se mais feliz e pleno? Imagine-se com todo o poder de fazer os movimentos na direção de uma vida produtiva e rica.

A carta 13 do tarô foi aberta em sua direção e ela não mais o assusta. Você é capaz de perceber sua mensagem profunda. Você olha para o alto e despede-se de uma vez da gaiola dourada. Voa e ascende a planos muito altos, jamais imaginados. Você sai da velha postura de apenas queixar-se e, com coragem, sai de cima do prego.

Há muitos horizontes novos que o aguardam nessa viagem. Estendo a você a minha mão. Vamos juntos?

Conceito importante:
O que é uma subpersonalidade?

A mente humana está subdividida em pequenas partes. São infinitas faces da personalidade, que se responsabilizam por atitudes e emoções e que vão se construindo ao longo da existência, à medida que vivemos as múltiplas experiências cotidianas. Tudo o que cremos e sentimos, bem como o impulso motivador de cada ação, pode ser descrito como comportamentos de nossas partes interiores — ou subpersonalidades.

Esse conceito já havia sido proposto em 1898, por Pierre Janet, como um modelo dissociativo da psique, e foi mais explorado por Jung quando tratou dos complexos. Ele teorizou que "os vários grupos de conteúdos psíquicos, ao desvincularem-se da consciência, passam para o inconsciente, onde continuam, numa existência relativamente autônoma, a influir sobre a conduta". Influenciado por Jung, Roberto Assagioli trouxe com a Psicossíntese uma grande contribuição no tocante à compreensão da psique multifacetada. Nos anos 1970, algumas escolas desenvolveram ainda mais esse pensamento, sem atribuir-lhe características patológicas. Do mesmo modo, não nos referimos aqui a distúrbios de personalidades múltiplas nem a doenças esquizoides.

As subpersonalidades são um conceito metafórico que pode ser descrito como um conjunto de pequenos *eus*, que funcionam de forma autônoma ou em unidade, criados por eventos diversos no decorrer da vida de alguém. Excepcional terapeuta de casais e famílias pesquisada por Bandler e Grinder para a construção da PNL, Virginia Satir costumava usar em seus processos terapêuticos a ideia de dissociação das partes. O mesmo fazia Fritz Perls, da Gestalt-Terapia e Moreno, do Psicodrama.

Esses *euzinhos* não podem ser destruídos. Mesmo que alguém não goste de alguma das suas partes interiores, por conta do que ela produz, seria um erro gravíssimo querer matá-la. Quando alguém busca fazê-lo, ocorre no máximo uma fuga dessa parte para o inconsciente, ou para a *sombra*, no dizer junguiano, que, resumindo, é uma dimensão oculta que esconde aquilo que a persona não mostra. Uma espécie de negativo da fotografia. Portanto, as subpersonalidades nunca podem ser destruídas. Em vez disso, como se fossem pequenos seres individuais, podem se transformar, aprender, crescer, ampliar sua forma de estimular atitudes, pensamentos e emoções naquele que as contêm. Normalmente, quando alguém diz: "Não sei o que aconteceu comigo naquele dia! Eu não sou daquele jeito, estava fora de mim; agi de uma forma completamente estranha", podemos considerar, mais acertadamente, que não era por estar fora de si que o sujeito fez o que fez. A realidade é que algo de dentro de si se manifestou, uma parte do seu interior aflorou e quis se expressar.

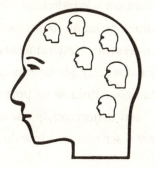

As subpersonalidades: diversos eus, partes que habitam nosso universo interior

É comum, no âmbito religioso, atribuir responsabilidade por atitudes impensadas, comportamentos disfuncionais e emoções negativas aos espíritos, como se fossem sempre os causadores dos nossos erros. Denominados *encostos*, obsessores ou, ainda, demônios, eles são o bode expiatório perfeito. Nesse processo, que por vezes caracteriza-se como uma "terceirização" da culpa e da responsabilidade, nos eximimos completa e convenientemente do papel de geradores dos comportamentos, nada promovendo com vistas à transformação.

De acordo com o que se estuda de forma mais profunda em algumas estradas espirituais, sabe-se que uma influência negativa invisível pode, de fato, ocorrer, e com muito maior incidência do que se pode imaginar. Em diversos casos classificados como loucura, por exemplo, notam-se assédios tenazes de almas desencarnadas, que se instalam mente a mente, produzindo consequências maléficas e, às vezes, de difícil solução. Assim explica a codificação kardecista. No entanto, para que isso se dê, em maior ou menor grau, é importante que haja um favorecimento do indivíduo. Isto é, para que um espírito se aproxime e promova danos na vida íntima ou social de alguém, é necessário primeiramente que se abra a porta. Nesse caso, podemos dizer que determinada subpersonalidade do indivíduo constituiu-se na porta de entrada para o processo de influência negativa, que se dará em seguida. Mas fica claro que o ser não se exime de sua cota de responsabilidade.

Sendo assim, quanto mais educarmos nossas subpersonalidades, ajudando-as em seu crescimento, melhor.

Para encerrar essa conceituação importante, vale conferir o que diz Jung, o pai da psicologia analítica: "Tudo isso se explica pelo fato de a chamada unidade da consciência ser mera ilusão. (...) Somos atrapalhados por esses pequenos demônios, os nossos complexos. Eles são grupos autônomos de associações, com tendência de apresentarem movimento próprio, de viverem sua vida independentemente de nossa intenção."*

Um ponto valioso a ser considerado é o pressuposto da PNL de que, por detrás de qualquer comportamento negativo, há

---

* JUNG, Carl Gustav. *Fundamentos de Psicologia Analítica*. Petrópolis, RJ: Ed. Vozes

sempre uma intenção positiva. Todas as subpersonalidades têm uma razão, uma motivação positiva no fundo, para fazerem o que fazem.

Vejamos a seguir alguns exemplos que ilustram bem o papel das subpersonalidades em nossa vida.

Uma jovem mulher sentia-se infeliz em sua vida afetiva por fugir dos relacionamentos sempre que eles começavam a se tornar mais profundos. Numa sessão terapêutica em que ocorreu um procedimento regressivo, ela reviveu um momento de sua adolescência em que surgiu uma programação mental ou a criação de uma subpersonalidade.

Ela tinha 13 anos de idade e sua mãe, mulher muito amarga e sofrida com relação à vida sentimental, lhe disse:

— Vou te ensinar uma lição muito importante hoje, filhinha. Preste muita atenção.

Chamou em seguida o primo da menina, também adolescente, e disse:

— Júnior, faça aquilo que lhe pedi.

O garoto começou, então, a soltar beijos para a jovem sentada no sofá, piscar o olho na direção dela, e mexeu em suas tranças.

Nesse ponto, a mãe lhe ordenou, enfaticamente:

— Filha, quando qualquer homem fizer isso com você, fuja! Porque homem não presta. Entendeu?

A menina limitou-se a balançar afirmativamente a cabeça.

Mais de 20 anos se passaram e a subpersonalidade surgida naquele momento ainda continuava a atuar, e conservava uma intenção bastante positiva: protegê-la de sofrimentos relacionados à vida afetiva.

Alguém pode ter ouvido muitas vezes que "Dinheiro não traz felicidade" e, por conta disso, possui hoje uma dificuldade enorme de lidar com a energia monetária. Assim sendo, frequentemente sabota as possibilidades que tem de crescer na profissão ou de fazer alguma reserva de dinheiro. Encontra-se sempre com dívidas e quando consegue algum rendimento extra, dá um jeito de vê-lo esvair-se, emprestando ou gastando sem necessidade.

Como todas têm uma intenção positiva, a finalidade última das subpersonalidades é a busca pela felicidade.

Também é possível perceber as subpersonalidades atuando positivamente. Em diversos momentos enraizamos crenças muito oportunas que ajudam a criar atitudes bastante eficazes na direção do sucesso, a partir de situações que nos ocorrem na vida. Vamos aos exemplos.

Sinto-me feliz de possuir um senso ecológico que me faz respeitar todas as formas de vida. Isso é resultado das lições dadas por meu pai, sempre dizendo que deveríamos nos colocar na pele de qualquer ser vivo, e assim perceber se era bom sentir o que ele estava sentindo quando lhe fazíamos algo. Criou-se uma subpersonalidade em mim desde a infância que se indigna com qualquer tipo de perversidade perpetrada contra animais e seres humanos. Isso me ajuda muito no trabalho que desenvolvo atualmente.

Com minha mãe aprendi a sorrir muito e a amar o convívio social. Há uma parte minha que adora estar com pessoas, dançar, brincar, conversar, e isso foi resultado de uma série de lições maternas que aconteceram desde a mais tenra idade.

Uma subpersonalidade cuida da minha saúde física, outra me ajuda a administrar o estresse, outra me coloca impaciente diante de algumas situações profissionais, outra me ajuda a criar soluções para alguns problemas, enfim, há infinitas partes em nosso universo interior, cada qual com sua função e todas em busca de algo bom.

Até mesmo uma parte que faz alguém recorrer a um vício tem uma intenção positiva. Pode ser a busca de paz. De uma forma simplificada podemos dizer que essa subpersonalidade apenas ainda não encontrou uma maneira mais adequada de caminhar na direção da paz almejada. O mais sensato para resolver esse problema será reeducar essa subpersonalidade, e não destruí-la. Não é possível simplesmente acabar com ela.

Há outro aspecto elucidativo ao estudar o conceito de subpersonalidade. Diz respeito ao fato de que pode haver, em muitos instantes, um conflito entre subpersonalidades distintas.

Você já se percebeu absolutamente dividido? Um lado seu querendo algo e outro buscando uma coisa completamente oposta? É natural vivermos realidades assim em dados momentos. Fico no emprego ou me demito? Durmo um pouco mais ou levanto para fazer atividade física? Permaneço no relacionamento ou me separo? Mantenho a ingestão diária de significativa quantidade de álcool ou dou um fim a esse vício de uma vez por todas? Delicio-me com mais um pedaço de torta ou respeito a dieta? Invisto na viagem de lazer ou economizo para a compra do carro novo? Procuro trabalhar um ressentimento e perdoar uma determinada pessoa ou continuo distante, falando sobre o tema a cada hora, e alimentando esta mágoa?

Poderemos notar que, para qualquer lado que escolhamos seguir, haverá uma intenção positiva.

Em casos como esses, que em PNL chamamos de *conflitos de polaridades*, podemos proceder criando uma visualização em que as duas partes em "briga" apareçam na mente. Embora haja várias formas de se usar a mente para trabalhar partes que estão em luta interna, usaremos aqui uma técnica bastante versátil, que pode ter diversas aplicações.

Visualização criativa: as subpersonalidades

Procure um lugar tranquilo, em que possa se colocar em processo de interiorização. Caso deseje, utilize uma música de fundo que contribua com seu relaxamento. Respire profundamente e dedique-se mentalmente a cada passo descrito a seguir, na ordem, levando o tempo que julgar adequado para cada um deles.

1º passo — reconhecer que não há parte boa e parte ruim.

Todas as subpersonalidades têm uma intenção positiva.

Apenas agem da forma como aprenderam.

2º passo — fazer contato com cada uma delas e reconhecer o que querem de bom. Agradecer a elas por desejarem um propósito positivo.

3º passo — pedir que se unam para resolver quais serão os novos caminhos, em vez de pensarem separadamente.

4º passo — convocar a parte criativa, uma subpersonalidade que todos nós temos. Pedir a ela que ajude as outras duas a encontrar saídas e criar soluções para o impasse. Agradecer.

5º passo — fazer uma "ponte para o futuro". Ver-se lá adiante, depois de algum tempo, com as novas opções em curso e imaginar suas consequências. É um ensaio do que vai acontecer. Construir mentalmente um registro do que você quer que surja prepara as sementes dos novos comportamentos.

6º passo — verificar se as mudanças são boas, interessantes e se está tudo bem; se todas as subpersonalidades aprovam essas diretrizes. Chamamos esse passo de *verificação ecológica*. Trata-se de saber se há um respeito a todas as subpersonalidades ou se alguma delas oferece objeções. Se oferecer, repetir o processo a partir do quarto passo, pedindo à parte criativa que ajude a orientar soluções que sejam aceitas por todas as partes.

Observar o universo de dentro, levando-se em consideração esses infinitos pedacinhos que temos, é de suma importância em qualquer processo de transformação.

Reflexão

O mundo de dentro

Era o sol que aquecia o jovem Apolo correndo na praia. Ao mesmo tempo em que fazia suar a mãe da favela com filho no braço, outro agarrado pelo cotovelo e mais outro na barriga.

Era o vento que soprava a palmeira na cobertura do arranha-céu, instalada por um paisagista conhecido, peça-chave da decoração à beira da piscina da socialite. Ao mesmo tempo em que soprava o lençol barato, pendurado no varal da prostituta, manchado por cenas de amor vendido, que nem água sanitária tira mais.

Era a frente fria que dava ponto final ao fim de semana tão esperado por jovens, péssimos em matemática e ótimos em multiplicar prazer, sonhado para ser curtido com futebol, folia e muita cerveja. Ao mesmo tempo em que era o tempo traiçoeiro a derrubar a parede da casa da encosta e fazer uma família com seu choro proletário se instalar no *puxadinho* da casa de parentes.

Vida plural e multifacetada, abençoada pelos mesmos deuses, colorida pelo mesmo sol, soprada pelo mesmo vento, batizada com a mesma imprevisível chuva.

Astro-rei, lufadas geniosas e tempestade. Eles não se limitam, nem escolhem quem vão abençoar. Simplesmente abençoam. Um esquenta, outro assanha e outro molha.

Em cada instante em algum lugar se mostra sorriso e lágrima. Ouve-se praga ou gratidão. Sente-se alegria ou desespero.

E o mais importante é ver que o Apolo, a mãe favelada, a dondoca, a prostituta, os jovens descabeçados e a família pobre desabrigada moram de fato dentro de cada um de nós.

É importante acolhê-los em seu desequilíbrio, aquecendo-os. É valioso entendê-los como mutantes, abraçando-os em seu dinamismo. É fundamental aceitá-los como pequenas criaturas vivas, filhas de nós mesmos, de nossa história, de nosso caminhar por caminhos tortos; e quem será que prefere a estrada retilínea e asfaltada o tempo todo?

Há que se retirar da estradinha de barro vermelho, ora cheirando a terra molhada, ora empoeirada e rachada, a magia da incerteza, o encanto do imprevisível.

Nossos caminhos são por vezes sulcados e erodidos, feiosos até, mas repletos de uma elegante fantasia para quem tem condições de enxergar além do óbvio.

Que tal juntarmos agora o malhado da praia com a moça da favela e seus três filhos? A beleza do corpo com a beleza da alma de mãe, ou a força de quem dedica horas por dia para esculpir a carne com aquela energia física que se alia à criatividade diariamente para ter o pão com manteiga, o café com leite e o biscoito Maisena das crianças?

E que tal ligarmos a dondoca e a prostituta? O dinheiro que sobra para uma plástica por ano ao dinheiro que falta e que, quando chega, traz insulto, ameaça e quase nenhum beijo na boca? Ou a dúvida do que fazer com o dia de amanhã à dúvida de se haverá mais uma vez outro dia?

E se misturarmos os jovens hedonistas com a família sem teto? A feliz idade dos ombros sem peso com a ansiedade do futuro que não se sabe? O deleite e o desfrute com a pergunta: teremos telha sobre nossas cabeças amanhã?

Sou o marombado da academia e sou a Maria de Amaralina, sei que sou.

Como sou a prostituta em muitos momentos, por vender-me calando algumas verdades em troca de paz. Como sou a colunável com desejos fúteis, que se agrada com o móvel de *design* premiado na sala cujo valor permitiria a construção de uma casa popular.

Como sou igualmente a turma de adolescentes que sorri para o boletim cheio de notas vermelhas e se entrega à irresponsabilidade de um prazer momentâneo.

E sou também uma família sem saber para onde vai, quando vejo tempestades escavando meus alicerces, numa encosta que me servia de base e que, por si mesma, já era insegura desde que eu a elegi como terreno para minha morada.

Em cada instante teremos tudo, e seremos tudo.

Quando o olho gira para dentro, e poucos são os olhos que conseguem fazer isso, a paisagem vista pode não ser a mais bela. Contudo, é tudo o que se tem.

E quando a bruma vai se desfazendo, pode-se ver quanto aplaudem todos os seres do mundo de dentro. E mais a infinidade de outros seres que nem foram aqui citados.

E o bom é ver que eles todos são uma grande torcida, genuinamente interessada em nosso feliz viver. Colorida pelo mesmo sol, soprada pelo mesmo vento, batizada com a mesma imprevisível chuva.

Capítulo 2

Desapego

Recado da paineira

Vejo minhas sementes voadoras seguirem adiante, ao sabor do vento. Como pequenos flocos de neve, elas seguem pela floresta e espalham quem sou.

A princípio pensava que elas eram minhas, somente minhas, e cada vez que se destacavam dos meus ramos eu sofria.

Por que deveriam se afastar de mim? Por que precisariam ir embora se são, para mim, tão caras? Por que deveria deixar que se fossem, uma vez que nunca mais retornariam?

O mais curioso é que eu sempre sofria e nada mudava. Atendendo ao convite da natureza, elas sempre se soltavam dos meus galhos e iam embora quando era chegado o momento.

Nada mudava, inclusive minha dor.

Hoje sei que faz parte de uma sabedoria maior minhas sementes voadoras seguirem seu caminho.

Já não sofro mais e me despeço com felicidade. Deixo que sigam, completando o ciclo da vida.

Elas levam beleza a toda parte. Cumprem seu destino. E me levam consigo para onde quer que vão.

"Sua tia está partindo. Talvez ela desencarne em poucos minutos."

Essa foi a frase que meu pai me disse logo após ter me despertado às 4h30 de uma madrugada no verão.

Fui para a casa da minha tia que ficava bem perto e me juntei aos outros membros da família que aguardavam sua morte em volta do leito.

Ela já estava, havia alguns meses, num estado de desligamento do corpo que nunca se completava. O câncer já tinha se espalhado, e todos os recursos empregados não mais conseguiam ajudá-la. Para aqueles que a amavam de verdade era muito mais feliz a ideia de vê-la partir do que acompanhar sua permanência sofrida num corpo tão doente por mais tempo.

Estávamos ao redor da sua cama e orávamos juntos. Não havia dor no nosso semblante, apenas uma certa tristeza, prenúncio da saudade que sentiríamos. Acompanhei cada um dos movimentos respiratórios segurando sua mão, até que ela fez o último. Ela havia partido, enfim.

Essa foi a primeira vez em que estive presente no momento exato de desenlace de uma pessoa.

Imagino agora o desapego nos dois lados da vida. O nosso em relação a alguém importante que estava indo. O dela em função de deixar família, filhos, netos, coisas a cuidar. Ela partiu tranquila.

Sei que não é isso que acontece quando aqueles que estão ao lado se encontram desesperados e envolvem o moribundo com energias desencontradas de retenção. Dá um trabalho muito maior para que este consiga se desligar e seguir seu rumo para a vida espiritual.

Desapegar-se, deixar ir, entregar-se ao fluxo sábio da vida que aponta caminhos novos.

Qualquer um que se demora demais em aceitar o convite da Vida para o novo caminho que se descortina, sofrerá por conta dessa dor que a resistência produz. Quanto mais rápido se entregar ao chamado da mudança, mais cedo se habituará ao que é novo e mais cedo permitirá que a dor cesse.

Lembro-me de um texto maravilhoso de Mário Quintana que diz: "Os barcos estão mais seguros nos portos. Mas não é para isso que os barcos são feitos."

Tanto os barcos precisam se desapegar dos portos, como os portos serão mais felizes se puderem se desapegar dos barcos, e assim sendo cada um pode de fato cumprir sua missão. Qual de nós pode garantir quanto tempo durará uma realidade?

Temos um corpo que um dia deixaremos.

Temos uma casa, um automóvel, um companheiro, amigos, pai, mãe, filhos, um emprego, saúde, que não sabemos quanto tempo ficarão conosco. A única realidade que possuímos e que não será nunca retirada de nós é a vida. Por sermos almas imortais, somos senhores dessa bênção ofertada diretamente por Deus. A vida sempre continua, e em constante transformação.

Somos usuários de tudo isso, entretanto não somos por tempo indefinido seus donos.

O momento de soltar

As filosofias e religiões orientais, em especial o budismo, afirmam que a forma ideal de alguém morrer é abrindo mão de tudo, interna e externamente. E quando não se encontra de verdade nenhum resquício de apego a qualquer objeto que seja, a qualquer ser vivo, enfim, a qualquer coisa que nunca se poderá levar para a nova vida, nessa circunstância, então, a morte acontece de forma tranquila e feliz.

De fato, todas as doutrinas reencarnacionistas apontam a sucessão de ciclos de existências terrenas como mecanismo vital para o aprimoramento do ser. O espiritismo, codificado por Allan Kardec, apoia-se no tripé filosofia, religião e ciência e aponta o fator vida pós-morte e reencarnação como uma demonstração inequívoca da importância do desprendimento para a evolução do ser. Já imaginou se ficássemos presos a aprender em apenas um só corpo?

Provavelmente demoraríamos muito e dificultaríamos a satisfação de nosso anseio de crescimento. É fundamental que nos desapeguemos das formas antigas e abramos espaço para experiências bem diferentes.

Alguém que está em corpo masculino hoje poderá renascer como uma mulher amanhã. Mudam-se igualmente as etnias. Agora tem pele negra, depois terá pele branca. Num momento nasce com corpo saudável, noutra oportunidade terá alguma deficiência ou doença. Morre uma forma para surgir outra e esse dinamismo promove crescimento e evolução.

Como desde o início do livro usamos a morte como metáfora para transformação, neste capítulo em que tratamos do desapego, é possível então, desde já, assinalar a transitoriedade de tudo o que existe em nós e ao nosso redor. Às vezes, o obstáculo mais forte a emperrar uma mudança para melhor é o apego ao atual estado de coisas. Muitos de nós sentimos medo do novo e por isso nos agarramos a ideias, valores, crenças, atitudes, objetos e pessoas com as quais estamos acostumados. Seguramos tudo e todos como se não pudéssemos viver sem eles.

"Antes um pássaro na mão do que dois voando."

"Não é bom trocar o certo pelo duvidoso."

"Em time que está ganhando não se mexe."

Esses são apenas alguns dos pensamentos transformados em ditos populares que atestam essa ideia de apego. Em certas ocasiões notamos o apego até mesmo a emoções dolorosas como o ódio e a mágoa. Já ouvi, algumas vezes, algo do tipo: "Eu nunca a perdoarei. Como eu poderia viver sem sentir essa raiva? Isso me alimenta!"

Por incrível que possa parecer há pessoas que se apegam a emoções destrutivas, pois são tudo o que têm naquele ponto de sua vida. Inclusive, chegam a procurar que os outros sintam raiva delas também, pois assim acreditam se fazer percebidas e reconhecidas na vida alheia.

A Análise Transacional, escola terapêutica desenvolvida por Eric Berne, chama de *carícias negativas* as experiências que mesmo machucando física ou emocionalmente, com atos ou palavras, são constantes na vida de muita gente. É como se esses indivíduos dissessem para si mesmos: Um beijo é melhor do que um tapa, mas um tapa é melhor do que nada.

É uma espécie de confirmação da ideia de que "É melhor alguém sentir raiva de mim do que me ignorar. E é melhor sentir ódio de alguém, do que me sentir vazio por dentro, já que me acostumei com essa realidade emocional".

Seja na vida afetiva ou profissional, seja até no que diz respeito às emoções que temos acerca de nós mesmos, o apego às realidades que conhecemos se mostra muito forte.

Deixar ir é, em princípio, tomar consciência de que existe um fluxo natural de vida que pode estar represado. Em seguida, deixar ir é garantir os meios para que o processo se torne dinâmico outra vez. Em vez de pensar que as coisas se resolverão por si mesmas, que o tempo é o grande agente de mudanças, é valioso sentir-se capaz de atuar, de realizar a liberação desse fluxo de vida, de soltar conscientemente, de assumir papel ativo, abrindo as comportas.

Visualização criativa: desapego

Proponho a você um exercício que se assemelha a uma visualização. É um trabalho de afirmação positiva que pode, inclusive, ser gravado para que você o escute num momento de relaxamento. Pode lê-lo ou recitá-lo em voz alta naquelas ocasiões em que busca forças para se libertar e deixar ir uma realidade que não quer mais. Utilize-o em suas reflexões após um breve instante de relaxamento.

> Abro mão da estabilidade estéril que me impede de crescer.
> Sou como a chuva que um dia foi lago, riacho e oceano. Ascendi com o beijo quente dos raios de sol e hoje me derramo para fertilizar outras vidas.
> Abro mão da rigidez que me convida a ser sempre a mesma coisa.
> Sou como as estações que se sucedem e povoam de flores, frutos, chuva e sol o ano dos seres — cada coisa em seu tempo e lugar.
> Abro mão da acomodação preguiçosa que traz segurança e ao mesmo tempo cristaliza as ações heroicas que minha alma quer realizar.
> Sou como a borboleta que arrisca rasgar seu casulo e sair. Sobretudo porque a natureza não lhe oferece um convite — nesse caso, ela é imperativa.
> Minha vida segue feliz, pois sei deixar uma margem e partir para outra.
> Minha vida segue feliz porque sei quando é chegado o momento de fechar um capítulo em minha história.

Minha vida é feliz, pois agradeço a tudo o que já me chegou pela contribuição que trouxe e, com o peito cheio de paz, despeço-me, abrindo assim espaço para novas experiências.

Não retenho, não enclausuro nem me apodero daquilo ou daqueles que chegam à minha vida, apenas cresço com tudo e todos. E deixo ir quando já cumpriram o seu papel em minha companhia, se assim for importante.

Não lamento, não me revolto, nem me apavoro com as partidas necessárias, apenas reconheço o que sinto para em seguida deixar ir, abrindo espaço para o que vai chegar.

Não me desespero, não me aflijo nem blasfemo com os instantes de desfazimento que uma perda ou uma transformação promovem. Antes, agradeço a Deus pelo bem que é a renovação contínua.

Portanto, deixo ir.

Sou feliz em ver que o momento de construção sempre aparece depois do momento de destruição. Sou feliz por saber que sou uno com o fluxo da vida.

Sou como a água da chuva que se recicla, estações que chegam e se vão, demolindo e construindo novas paisagens, e borboleta que arrisca voar mesmo tendo passado parte da vida presa ao chão.

Com reverência, deixo ir o que é velho para abraçar o novo em minha vida.

Sou feliz, também por ser capaz de desenvolver em mim o amor desapegado.

Sou feliz. Verdadeiramente, sou feliz.

Níveis de transformação e aprendizagem

Aprendi com a programação neurolinguística que as mudanças ocorrem em níveis e que, para se tornarem efetivas, é muito importante que não estejam apenas nos patamares superficiais.

Conforme esclarece a PNL, os níveis lógicos de mudança são:

1. Ambiente (onde): tudo aquilo que nos rodeia, os contextos nos quais estamos inseridos.
2. Comportamento (o quê): atos, posturas, falas, pensamentos; o que provocamos.
3. Capacidades (como): estratégias, habilidades, competências, talentos; conjunto de potenciais que colocamos a serviço.
4. Crenças e Valores (os porquês): convicções que constroem nossos paradigmas; o que é importante; certezas e definições que norteiam nossa vida.
5. Identidade (quem): papéis que desempenhamos, personas; nosso eu diante do mundo.
6. Espiritual ou Sistema Global (quem mais): os diversos sistemas maiores que o Eu com os quais estou conectado: eu e comunidade, eu e família, eu e Deus, eu e o universo etc.

No que diz respeito à transformação, o ato de deixar ir precisa ocorrer em todos os níveis.

Imagine alguém que está querendo deixar um hábito que considera nocivo, como o de fumar, por exemplo. Pode por um tempo se isolar daqueles ambientes que o estimulavam a acender um cigarro. Não se dirige mais aos bares que frequentava e afasta-se dos grupos de amigos nos quais há presença de fumantes.

Essa mudança se deu no nível do Ambiente. Pode fazer algum efeito no tocante ao objetivo, que é deixar o vício? Claro que sim. Mas se o processo se restringe a esse nível, é pouco provável que se torne efetivo. Mudar o *onde* não é o bastante.

Pode ser que surja outra mudança.

Imaginemos o caso do José, que era um fumante inveterado, iniciado no vício ainda na adolescência. Hoje, aos 50 anos, quer *deixar ir* esse hábito. Resolveu agir e assumiu um novo hábito. Todas as vezes que sentisse vontade de fumar colocaria uma bala na boca. Não deu muito certo e acabou engordando.

A mudança que ele operou estava circunscrita ao nível 2, do Comportamento. Mudanças em Ambiente associadas a algumas expressivas mudanças no Comportamento podem trazer alguns resultados. Entretanto, vamos perceber grandes e duradouras transformações quando entramos nos níveis mais profundos.

Imaginemos que José adquiriu uma nova habilidade. Ele sabe agora como fazer para mentalmente deixar a ideia do cigarro de lado e ocupar seu pensamento com algo mais saudável. Ele atuou, portanto, no nível 3, o das Capacidades.

E se as suas transformações se derem em patamares mais profundos? Quem sabe no nível das Crenças?

Digamos que ele comece a acreditar que é possível deixar o cigarro, por ter visto alguém muito próximo conseguir esse objetivo. Ele que sempre pensou ser impossível, agora conseguiu um exemplo vivo de que não é algo tão difícil assim. Perceber esse fato fez com que ele mexesse em uma convicção, e com a sua crença transformada surge um novo poder. O nível 4 foi tocado.

E se a transformação for em nível ainda mais profundo?

Consideremos que, a partir de um processo terapêutico, ou mesmo por ter conseguido um cargo mais alto na empresa, José se sente um novo homem. Sua Identidade agora é a de um homem que busca estar bem, ser feliz, se sentir realizado. Ele sente que o cigarro no canto da boca não combina mais com a sua forma de ser. Algo se alterou no nível 5.

Além dessas alternativas, é possível que a mudança parta do nível Espiritual, que diz respeito ao *quem mais*.

Às vezes grandes transformações que surgem a partir de experiências místicas ou transcendentais podem trazer toda uma gama de repercussões nos mais diferentes níveis. De fato, o nível Espiritual pode ser tocado de várias formas. Um momento de êxtase ou iluminação, um contato mediúnico muito significativo, abraçar uma doutrina religiosa, o nascimento de um filho, o surgimento de um grande amor por alguém ou pela humanidade, o encontro de uma visão maior do que é a vida, são, enfim, alguns disparadores de poderosas mudanças que se iniciam no nível 6 e vão se espalhando por todos os outros níveis.

Podemos lembrar o emblemático episódio ocorrido com Paulo de Tarso na estrada de Damasco. O encontro místico com Jesus, que o fez ficar cego por algum tempo, abriu seus olhos espirituais. A partir do seu encontro com o *quem mais*, o nível Espiritual, ele obtevê uma consequente mudança de

Identidade. De perseguidor dos cristãos, tornou-se propagador das ideias de Cristo — o apóstolo dos gentios. De Saulo surge Paulo. Suas crenças e seus valores se transformaram imediatamente. Surgiu uma vigorosa capacidade de amar. Ou, como querem alguns, seu amor latente a partir de então se expandiu em novas direções. Seus comportamentos mudaram e os ambientes onde ele passou a estar também se alteraram com a sua pregação.

Podemos dizer que houve uma propagação, que se deu da seguinte forma:

> Espiritual → Identidade → Crenças → Capacidades → Comportamentos → Ambiente

Houve um grande processo de desapegar-se de tudo o que compunha sua vida anterior para o abraço de uma realidade completamente nova.

No caso do nosso amigo hipotético José, quanto mais ele aprofundar os níveis lógicos de transformação e aprendizado, quanto mais o objetivo de deixar o vício do fumo for se expandindo do Ambiente para o Espiritual, maior a probabilidade de ter sucesso nessa busca. Mas também vimos que para muita gente é possível também que ocorra um movimento inverso, começando do nível Espiritual.

De fato, o mais importante é que algo comece e não fique restrito a um único patamar. Os níveis são dinâmicos e se interceptam. Um influencia os outros. Quanto maior seu desejo de transformação, maior será sua condição de desapegar-se do velho José, que fuma, para ir ao encontro do novo José, que tem uma vida mais próxima da saúde plena.

Como sugere Joseph O'Connor, um dos mais respeitados nomes do mundo em PNL e autor de diversos livros, os níveis se mostram num modelo sistêmico.

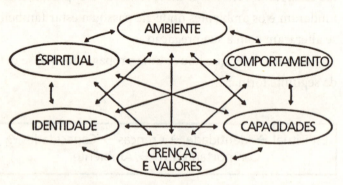

Modelo sistêmico: os níveis se conectam em todos os sentidos, segundo Joseph O'Connor

Por exemplo: uma mudança no nível do ambiente poderia em tese gerar uma forte mudança de capacidades.

Vemos isso acontecer quando alguém visita por alguns dias um mosteiro e aprende, pelo simples fato de ali estar, uma capacidade de entrar em sintonia com planos mais altos. Ou quando vemos uma mudança de comportamento mexer numa crença, como no caso daquela pessoa que resolve ser mais cordial e manter-se sorrindo mais tempo no ambiente de trabalho. De repente, percebe uma atitude mais acolhedora e simpática por parte dos colegas e altera a crença de que ninguém lhe dava atenção.

Desapego na prática

Nesse momento podemos usar o roteiro de perguntas que se segue para motivar uma caminhada na direção de alguma transformação. Para começar, pense em algo que não queira mais em sua vida. Pode ser um vício, uma limitação, a dependência emocional em relação a alguém, uma emoção que lhe faz mal; enfim, algo ou alguém que você quer deixar ir. Durante esse exercício, chamemos de x esse algo do qual você quer se distanciar.

1º passo — Ambientes

- Posso me desapegar disso se começar a fazer transformações relacionadas aos lugares onde vou ou frequento?
- Que lugares me trazem x?
- Posso me desapegar, pelo menos momentaneamente, dos lugares que costumam me trazer x?
- De que forma eu posso me sentir mais forte para frequentar outros lugares?
- Que ambientes novos me fariam bem nesse sentido?
- Quais as pessoas que me trazem suporte para esse objetivo e com as quais quero estar mais em contato?

2º passo — Comportamentos

- Quais os novos hábitos que posso criar ou reforçar em minha vida para começar a me desapegar de x?

- Quais são as coisas que faço e que produzem x como consequência?
- Quais são os comportamentos que posso criar em substituição?

3º passo — Capacidades

- Quais as habilidades que posso desenvolver para que x diminua ou desapareça de minha vida?
- Há algum talento que já possuo e que pode ser intensificado ajudando-me a alcançar esse objetivo?
- Há alguém que já conseguiu esse mesmo objetivo e que eu posso me espelhar? A partir de perguntas e de um contato sistemático com alguém que já se desapegou de x, posso me educar também. Quem são essas pessoas?
- Como posso aprender e colocar essas estratégias em ação?

4º passo — Crenças e Valores

- Por que quero desapegar-me de x?
- Quais valores existem em mim e me fazem querer conseguir isso?
- Quais os valores que quero desenvolver e me fazem ter ânimo nessa busca?
- Acredito que é possível?
- Acredito que mereço?

5º passo — Identidade

- Como verei ou sentirei a mim mesmo quando tiver me desapegado de x?

- Quem sou eu quando consigo esse objetivo?
- Como isso afeta meus diversos papéis? (Mãe ou pai, filho, amigo, cidadão, religioso, companheiro, profissional etc.)
- Como isso afeta minha missão de vida?

6º passo — Espiritual

- Quem mais, além de mim, tem consequências positivas com minha mudança?
- Como isso afeta aqueles que me cercam?
- Imaginando que agora está me observando um ser transcendente, um anjo, um espírito superior, um guia, um santo, ou Deus, o que esse ser pensa ou sente com a minha chegada ao meu objetivo de desapegar-me de x?

IMAGENS DE DESAPEGO

Nesse momento, talvez seja importante que forme em sua mente algumas imagens. São imagens vivas de desapego, e a partir da formação delas em sua tela mental você poderá se sentir mais forte para liberar aquilo que já está na hora de partir.

- Um jovem, ao sair do seu palácio, percebe o que significa viver sem posses, o que é fome, doença, miséria. Abre mão da sua riqueza, da sua posição como príncipe, de todo o poder terreno, e mergulha na mais absoluta pobreza para encontrar a iluminação da alma e as condições de inspirar outras almas — Sidharta Gautama, o Buda.

- Uma amorosa mãe põe o seu filho pequeno, ainda bebê, numa cesta de vime e o deixa ir ao sabor das águas de um rio, por entender que isso seria melhor para ele, por ter a certeza de que longe dela ele estará em maior segurança — Moisés.

- Um homem que tinha o povo nas mãos, e com imenso magnetismo conseguia atrair multidões, que possuía dons milagrosos de curar e de manipular as forças da natureza, decide que é melhor abrir mão do seu poder. É preferível fisicamente morrer e assim, por amor, permanecer no coração daqueles que ama — Jesus Cristo.

Desapegar-se, contudo, não significa desistir facilmente, ou de forma indolente deixar de fazer o que pode ser feito para ajustar uma situação ou administrar melhor uma dificuldade. Muitos podem achar que as atitudes que têm são demonstrações de desapego, quando, na verdade, podem apenas se tratar de falta de determinação ou de perseverança num propósito. Há que se distinguir quando é uma coisa e outra.

Tive contato com pessoas que, diante dos primeiros problemas com sua atividade profissional ou com um relacionamento, diziam que o melhor era sair da situação. Deixar ir é importante quando se tem a certeza de que se fez o que era possível, de que se buscou formas de lidar com a experiência e, ainda assim, não foi viável encontrar caminhos para mudanças felizes.

Desapegar-se, portanto, surge como decisão apropriada em que alguém se despede do que é antigo, do que já passou, do que não tem mais como trazer crescimento e abre-se ao novo, ao que pode contribuir fortemente para o agigantamento da alma. É abrir espaço àquilo que, por mais assustador que pareça, continua sendo o sol que desponta no horizonte, e que não há trevas que possam evitar a sua ascensão até o firmamento.

Reflexão

O gnomo Jacinto

Em algum ponto da floresta, o pequeno gnomo Jacinto chorava enquanto conversava com o sábio gnomo-mestre:

— Quando lembro de tudo o que já me aconteceu, sinto o chão me faltar. Fico tonto, sabe? Por que será que sofro tanto? Será que, por algum motivo, a Fada da Sorte escolheu caminhos distantes dos meus? Será que todos os contratempos a mim destinados resolveram acontecer de uma só vez? Mestre, já não suporto viver assim...

O gnomo-mestre, que reunia folhas numa pequena cabaça, olhou para o aprendiz e disse:

— Meu pequeno Jacinto, percebes o que acontece com as lágrimas que derramas?

— Como assim, senhor? Não compreendo o que dizes.

Apontando para algumas áreas da mata, o velho e experiente gnomo respondeu:

— Olha com atenção. Por todo o caminho espalham-se flores justamente nos lugares onde tens vertido teu pranto. Tuas lágrimas mágicas têm feito brotarem lírios, papoulas e perfumadas alfazemas nos lugares onde caem.

Jacinto olhou ao redor e falou, demonstrando admiração e um certo aborrecimento:

— Mas, então... quer dizer que o meu destino é sofrer para fazer a floresta se encher de cor e perfume? É preciso que meu coração morra aos poucos para a natureza se encher de vida? Isso não é justo!

Com toda a tranquilidade, o gnomo ancião respondeu:

— Os olhos veem o que querem ver. O coração sente o que quer sentir. Então é essa a interpretação que fazes? Se o teu sofrer, meu pequeno, faz brotar as flores mais belas, o que poderia então surgir do teu sorriso luminoso? Se transformas o verde da floresta num tapete multicolorido quando choras, o que poderia acontecer no momento em que espalhasses a alegria? Não será esse o momento de mudar a semente que espalhas? Percebes o poder que tens nas mãos? A dor cumpre o seu papel e tem sua razão de ser. Sim, deve ser vista. Mas os olhos não podem se fixar nela por muito tempo, senão perdem a chance de ver o crescimento que ela própria fez acontecer.

As orelhas do gnomo Jacinto se movimentavam enquanto recebiam as preciosas orientações do sábio, como se não quisessem deixar escapar uma única palavra. Seus olhos, agora mais atentos, notaram que uma luz começava a brilhar em seu peito. Teve vontade de sorrir mas estava difícil, uma vez que sua boca tinha perdido esse hábito. A seguir, fez um esforço e logo, logo, seus dentes estavam à mostra. Foi aí que algo incrível aconteceu: quanto mais ele ria mais crescia. Crescia e crescia. Quem poderia imaginar que Jacinto era um gigante? Aquele pequeno gnomo era agora um gigante grandalhão e sorridente. Ele continuou rindo e sua risada ecoava nas montanhas e se transformava em música; música mágica que curava os passarinhos feridos e as plantas doentes.

De uma hora para outra, a floresta era só brilho e festa.

Jacinto procurou o gnomo-mestre para agradecer, mas, de tão grande que estava, olhou pra baixo e não conseguia mais enxergá-lo. E foi aí então que, fechando os olhos, ouviu uma voz que dizia:

— Há e sempre haverá uma forma mais doce de viver. O sofrimento, no momento em que é percebido como sofrimento, já está no ponto derradeiro da sua função e precisa ser substituído por outra semente. Agradeça às lágrimas do passado e diga-lhes adeus. O momento agora é de focar os sorrisos do futuro. Há e sempre haverá uma forma mais doce de viver.

Capítulo 3

Perdoando

Recado do bambu chinês

Chamaram-me de preguiçoso. Muitas e muitas vezes se referiram a mim como a planta que tem medo de crescer. Disseram até que eu era um arbusto sem graça e que mais valia ser arrancado e jogado no fogo.

Quando fui plantado não se sabia ao certo qual era a minha espécie e, portanto, esperavam de mim um ritmo de crescimento típico de outras espécies de bambu. Entretanto, eu tinha a minha própria forma de brotar e de me desenvolver.

Permaneci muitos anos quieto, mostrando-me pouco. Poucas hastes, poucas folhas se apresentavam. Mas, em direção ao fundo do solo, minhas raízes cresciam. Entranhando-se na terra buscavam a água de veios profundos e se tornavam mais fortes.

De repente, no meu tempo — o tempo certo —, após cinco anos sendo bastante mirrado, dei um estirão. Em poucos meses ganhei altura e logo cheguei a mais de 20 metros.

Hoje ofereço sombra e madeira àqueles que fizeram pouco caso de mim. Na natureza deles, existe o julgamento; na minha, doação.

Eu os perdoei. Eles não sabiam o que faziam...

Uma das mais poderosas forças que impulsionam o processo de transformação é o perdão. Perdoar liberta, alivia, torna a vida mais leve e serve para afastar a mente do passado. Em outras palavras, perdoar ajuda em nosso processo de desapego.

Sabe-se que não é tarefa das mais fáceis conseguir perdoar. Parece haver em cada um de nós uma espécie de pedacinho que gosta da ideia da vingança.

Em mim mesmo já descobri algumas vezes essa subpersonalidade que gosta de ir à forra e de se vingar. Curiosamente, ela apareceu quando eu assistia a alguns filmes em que o vilão levava a pior no final. Ali, diante de mim, na tela grande do cinema, alguém morria. E eu, gostando de ver aquilo, pensava: Bem-feito, seu malvado!

Tenho a impressão de que uma das finalidades da sétima arte é justamente essa: permitir que algumas partes do nosso inconsciente se mostrem. Uma vez afloradas, torna-se mais viável poder ajudá-las, transformá-las. Caso contrário, cresceriam na sombra e poderiam se deformar. O pior de tudo é negar realidades nossas, esquecer que elas existem e deixá-las na escuridão, no porão da consciência.

Uma vez identificado o desejo de vingança ou a mágoa, não há motivo para frustração. Cabe aproveitarmos a oportunidade para fazer um processo de limpeza da emoção. Com essa finalidade, proponho a seguir um exercício, que dividirei em etapas, comentadas individualmente.

Como construir o perdão?

Para facilitar o processo de construção do perdão, pode-se inicialmente buscar responder às perguntas numeradas.

1 — Eu era, de fato, o alvo?

Muitas vezes a flecha não foi lançada diretamente na sua direção. Pense bem: quantas pessoas estão furiosas com isto ou aquilo e você passou "acidentalmente" naquele momento por sua frente, recebendo o disparo?

Lembro-me de uma situação em que estava procurando a sala de reuniões de uma empresa, pois já estava atrasado para um encontro com a diretora de recursos humanos. No corredor, pedi informações sobre onde ficava a tal sala a uma senhora e ela ficou um tempo olhando para cima, pensativa, buscando acessar sua memória e me dar a resposta correta. Nesse exato momento, outra pessoa me chamou a atenção, acenando pra mim e sorrindo. Parecia-me alguém que participou de um dos meus cursos. Tentei lembrar-me de seu nome e de onde a conhecia. Em decorrência disso, desviei o olhar da senhora a quem indagara. Alguns segundos depois, quando voltei o olhar, procurando por ela, não mais a vi. Havia seguido adiante pelo corredor e, ao passar por minha sócia, disse que eu era o sujeito mais mal-educado do mundo. Ao ouvir isso, dirigi-me até o local onde a senhora estava e lhe perguntei por que havia me julgado dessa forma.

— Você pensa que só porque está usando um paletó e uma gravata pode humilhar os outros? — foi sua resposta. Com lágrimas nos olhos e voz alta, prosseguiu: — Você é um arrogante, um prepotente, que não sabe como lidar com gente direita! Você virou o rosto e me deu as costas enquanto eu estava respondendo a uma pergunta que havia me feito. Não teve a consideração de esperar que eu lhe desse a informação!

— Senhora, quero pedir desculpas se pareci indelicado — respondi. — Na verdade, isso que está acontecendo aqui tem muita importância pra mim e quero ouvi-la atentamente. Trabalho com comunicação e desenvolvimento de pessoas, portanto receber esse feedback é algo realmente valioso para mim. Mostra que, mesmo sem ter a intenção, podemos ferir alguém com algo que fazemos ou deixamos de fazer. É que acabei me concentrando por alguns instantes numa jovem que acenou e isso me fez desviar o olhar. Parecia alguém conhecido e sempre gosto de cumprimentar pessoas que me conhecem pelo meu trabalho. Realmente quero pedir-lhe desculpas e quero ouvi-la, agora com toda a atenção.

Mais calma, ela então disse:

— Olha, meu filho, eu é que devo pedir-lhe desculpas. Estou muito nervosa, vivendo uma série de problemas com meu chefe e acabei de ter uma séria discussão com ele. Desculpe-me também.

Esse episódio para mim é muito significativo no tocante à tese inicial: nem sempre a bala era direcionada a você. No caso aqui relatado a agressividade daquela senhora era direcionada a seu chefe, e não a mim. Eu não era o alvo; apenas estava no meio do caminho.

Muitas vezes, passamos por situações nas quais podemos perdoar com maior facilidade se cogitarmos esse aspecto. A pessoa decididamente não desejava nos ferir. Sua ira, sua atitude intempestiva ou suas palavras ácidas tinham outro destino e, por força das circunstâncias, foram transferidas para nós.

2 — O problema é a atitude do outro ou a minha ferida aberta?

Há uma máxima atribuída a Buda que sentencia: "A mão que não está ferida segura até veneno. Os inocentes não são atingidos." Há muito o que refletir acerca desse pensamento.

Uma das maneiras de interpretá-lo é que, se as mãos não estão feridas, poderão carregar em forma de concha uma boa quantidade de veneno que, mesmo assim, o líquido não entrará em sua corrente sanguínea. Não há aberturas para que isso aconteça. O que vier de fora não atingirá o interior do organismo, pois este está resguardado.

O contraponto é que se alguém me tocar no braço, ainda que num gesto natural de afeto, e se nesse local eu estiver com um ferimento oculto pela manga da camisa, provocará dor em mim, mesmo que não tenha a intenção de me ferir.

Maria já sofreu grande injustiça numa empresa em que trabalhara. A ela foi atribuído um furto pelo qual não era responsável. Por conta do incidente, acabou sendo demitida e ainda sofria penosamente ao recordar o episódio.

Muitos anos depois, numa sala de aula em um curso de pós-graduação, uma colega de Maria anunciou que seu aparelho celular havia desaparecido. Em seguida, pediu ao professor em voz alta que tomasse alguma providência. Embora a moça não houvesse acusado ninguém diretamente, Maria se sentiu atingida e, com veemência, disse que a colega havia insinuado que ela furtara o telefone. A reação de Maria gerou uma grande discussão na sala, e a confusão acabou em agressões físicas.

Tomás havia sido traído por uma de suas namoradas, o que lhe causou muita dor. A descoberta do triângulo amoroso foi o estopim para o término dramático da relação e isso o deixou em depressão por alguns meses.

Muito tempo se passou e Tomás agora tinha um novo relacionamento. Júlia o amava muito e mantinha-se fiel. Contudo, pelo seu temperamento vivaz e por ser muito comunicativa, tinha muita companhia masculina. Tomás então começou a fantasiar que a namorada o estava traindo e a cobria de perguntas a todo instante sobre com quem estava, qual o horário de saída do trabalho, a que horas chegara em casa... Insistia em ligar diversas vezes pra ela ao longo do dia. Ficava furioso quando ela não podia vê-lo devido a qualquer outro compromisso. Os problemas começaram a se agravar e o relacionamento, enfim, acabou. Na verdade, a fantasia vinha da ferida aberta em Tomás e não de qualquer comportamento equivocado por parte de Júlia.

3 — Pode ser meu aquilo que vejo no outro e que me fere?

Costuma-se chamar de *projeção* a postura que nos leva a enxergar em outras pessoas algo que, na verdade, é nosso.

Alguém se sente ferido com a forma excessivamente rude de ser de uma pessoa amiga. Se for investigar com mais atenção pode descobrir que essa agressividade encontra-se em si mesmo, porém se exterioriza em outros contextos.

"Detesto fulano, porque ele mente demais e eu odeio mentira." Se o autor da frase tiver autoconhecimento suficiente poderá perceber que em algumas situações pode se ver assumindo posturas desonestas ou faltando com a verdade, por motivos que acha plenamente justificados.

Uma vez eu vivi algo curioso e absolutamente novo. Vivi uma sensação de raiva por uma criança que morava no meu prédio.

Na verdade eu a achava uma menininha adorável a princípio. Muito engraçadinha e sapeca, devia ter 6 anos. Mas comecei a me irritar com seu comportamento. Quando nos encontrávamos no elevador eu a cumprimentava, procurava conversar e fazê-la rir. Ela sequer me olhava nos olhos e saía correndo do elevador assim que a porta se abria. Não raro ficava de costas para mim e para as outras pessoas do elevador com o rosto voltado para o canto. Entretanto, quando eu chegava ao prédio e ela estava na varanda de seu apartamento, gritava "Tio!", acenava e soltava beijos pra mim.

Por que ela parecia um bicho-do-mato de perto e de longe ficava carinhosa? Seria timidez? Ou ela era uma dessas meninas malcriadas mesmo?

Achei estranho sentir aquela raiva dentro de mim, pois costumo lidar bem com crianças e compreender seus comportamentos. Trabalhei 11 anos num serviço voluntário com crianças; sou muito querido pelos meus sobrinhos e filhos de amigos. Não desempenho nesta vida o papel de pai, mas sempre amei estar com crianças.

O que estava me causando toda aquela raiva em relação a uma menina de 6 anos?

Nos dias que se seguiram, ao conversar com minha mãe, ela me revelou que, quando eu próprio tinha essa idade, costumava agir de forma idêntica. Era muito fechado e ficava calado, meio envergonhado e até emburrado na presença de pessoas amigas. Algumas vezes me entoquei embaixo da cama para não ter que falar com parentes ou amigos da família que nos visitavam.

Por incrível que possa parecer, não perdoava a menininha porque ela demonstrava algo que era meu também. Incomodava-me tanto com sua atitude porque ainda havia um *eu* de 6 anos dentro de mim, que se via refletido ali naquela garota, e me fazia recordar algo que não queria enxergar: meu próprio lado tímido.

Em ambiente familiar ou profissional muitas vezes nos deparamos com coisas assim. Antipatias gratuitas, aborrecimentos sem razão, mágoa e raiva, e ficamos procurando um porquê mais claro, sem encontrar.

Quem sabe faça sentido, num momento como esse, lembrar um dito popular: "Incomodou? Doeu? Leva pra casa, que é seu".

4 — Ainda existe aquele que fez algo com o que me feri?

Sim, a pergunta é essa mesmo. A pessoa que fez algo ou disse algo, com o que me feri, ainda existe? "Claro" — responde uma parte minha que nutre o rancor. "Ela está aí, vivendo no bem bom, tranquilamente. E merece aprender uma lição".

No entanto, pode ser que essa pessoa não exista mais, embora continue viva. Na verdade, refiro-me ao fato de que aquela pessoa pode já ter mudado, pode ser diferente, pode estar num outro tipo de experiência interna. Quem não mudou, nesse caso, foi o ofendido, pois ainda se mantém com a mesma fixação mental e emocional.

Como dizia Heráclito: "Um homem não põe o pé no mesmo rio duas vezes". O rio muda e o homem também. A única coisa que não muda na natureza humana é sua contínua mudança. Portanto, certamente a pessoa já se transformou, já não é mais a mesma e, sendo assim, não merece mais a raiva ou a vibração negativa da mágoa.

Lembro-me de um sonho que tive há alguns anos em que a ideia do perdão estava envolvida.

Via-me num grande salão, muito branco, sentado numa cadeira que ficava exatamente no meio de um círculo formado por outras cadeiras. Aproximadamente 50 pessoas estavam sentadas ao redor, observando-me. De repente, surgia uma mulher com os cabelos desgrenhados e a face contraída, ladeada por dois homens. Ela parecia enfurecida, com olhos vermelhos, e andava com certa dificuldade. Era colocada à minha frente e começava a me dizer muitos impropérios:

— Você arruinou a minha vida! Você é um miserável, Amadeu! Você acabou comigo! Você vai me pagar!

Causava-me profundo desconforto vê-la expressando tanto ódio, além de estranhar o fato de me chamar de Amadeu. Imaginei que se tratava de um rancor que provinha de vidas anteriores. Ao presenciar a cena, senti profunda compaixão e comecei a chorar enquanto lhe pedia desculpas:

— Minha senhora, não sei quem você é. Quero dizer que também não recordo o que fiz. Se fiz algo que a feriu, peço-lhe perdão, embora não me lembre de nada. Sinto muito por você estar assim e por ainda sofrer com isso. Quero que saiba também que Amadeu não existe mais. A pessoa que está aqui à sua frente é outra. Não sou Amadeu, sou Kau.

O efeito das minhas palavras foi imediato. A mulher se acalmou, e sua face parecia ter se renovado. De fato, não era mais a criatura odienta que havia entrado no círculo. Calou-se e ficou me fitando, pensativa.

Os mesmos homens que a haviam trazido apareceram de novo e a levaram, enquanto eu observava o trio saindo do espaço da sala em meio a uma névoa. O sonho acabou nesse ponto e eu acordei com o rosto ainda molhado de lágrimas e uma sensação boa de que havia resolvido algo importante para minha paz ao conseguir o perdão daquele ser.

Pode ter sido um encontro espiritual? Não sei. Mas faz parte do meu universo de crenças a ideia de que enquanto nosso corpo repousa, nós saímos e temos experiências com outros espíritos em desdobramento ou projeção astral, como designam algumas linhas de pensamento. Ou pode ter sido apenas um teatro de símbolos organizado pelo meu inconsciente, que um analista poderia me ajudar a decifrar. O que mais importa para mim é que foi benéfico liberar essa energia psíquica, como uma espécie de fechamento de ciclo.

O que podemos perceber é que, quando o ofendido sente que a pessoa não é mais a mesma, há mais facilidade em perdoar.

"Pai, perdoa-lhes, pois não sabem o que fazem" (Lc 23:34)

O perdão é o princípio comum nas mais diversas religiões.

O maior mestre que conhecemos, Jesus, colocava-se numa postura de quem, por maturidade espiritual, é capaz de observar as ofensas com olhos mais complacentes. À semelhança de um adulto que recebe um tapa no rosto, desferido por um bebê de menos de um ano, sabia que às vezes há certa inocência na atitude, e por isso o perdão se tornava mais fácil.

"Eles não sabem o que fazem", disse Jesus em seu diálogo final com o Criador, antes de encerrar sua jornada material na Terra, referindo-se a seus algozes, mesmo após ter sido tão terrivelmente agredido e estar no limite das forças.

Muitas vezes, nem é preciso perdoar, pois a ofensa sequer foi sentida, como apregoava Gandhi: "Nunca perdoei. Não necessitei perdoar, pois nunca me senti ofendido."

Vemos, portanto, que perdoar não se mostra como característica dos fracos, como a alguns pode parecer. Aquele que já sofreu com ressentimentos sabe bem o que digo. Perdoar é atitude que evidencia maturidade, nobreza, autoestima e muito poder.

Há uma frase interessante sobre o tema, atribuída a Shakespeare: "Guardar ressentimento é como tomar veneno e esperar que o outro morra."

Quando lembramos que aquele que se intoxica com o veneno da mágoa é exatamente aquele que sente a mágoa, parece até certa falta de inteligência guardar rancor. Às vezes o outro nem mais se recorda do ocorrido, ou nem sabe que provocou o dissabor. O tempo já passou e o ofendido quer manter aberta a ferida, quer conservar a dor consigo. No momento em que percebemos que perdoar é uma atitude inteligente, é possível dar um salto na direção de uma estrada nova.

Conservar rancor é manter-se na gaiola do passado.

De fato, demonstra maturidade o ser que é capaz de compreender o outro. É útil ter em mente dois pressupostos básicos da PNL:

1 — **Há sempre uma intenção positiva por detrás de algo que alguém faz.**

Por mais que o ato seja hediondo, o sujeito que o pratica tem uma intenção positiva. Mesmo que não saiba disso. Um estuprador pode estar em busca do amor que nunca obteve. Um assassino pode estar ansioso por encontrar paz. E assim vai...

Acompanhando uma entrevista hipotética com o autor de um atentado terrorista podemos ver como isso se dá:

— O que fez você colocar a bomba no prédio?

— Meu ódio pelas coisas que já fizeram ao meu povo.

— Entendo. O seu ódio o motivou. E uma vez atendido esse ódio, o que vem de bom com isso?

— Ah! O fato de tornar público o problema que estamos vivendo. Nossa minoria étnica precisa ser respeitada.

— Sim, respeito é algo importante. E uma vez encontrado esse respeito, o que vem de bom com isso?

— Quando meu povo é tratado com respeito eu me sinto feliz.

Nesse caso percebemos claramente a busca daquilo que em PNL denominamos *meta-objetivo* (um objetivo *além*, mais profundo, oculto). Trata-se da intenção positiva por detrás de qualquer comportamento. É a meta-busca (uma busca *além*), aquilo que é bom, valioso, universalmente procurado e que se esconde por trás de um gesto tresloucado ou insano.

Nesse exemplo, o terrorista busca felicidade. Esse é o seu meta-objetivo. Todos buscamos felicidade, de fato.

Por analogia, vemos que há pessoas que querem paz e, para isso, perpetram guerras; há seres que querem amor e maltratam os outros; há quem busque liberdade e, a fim de atingi-la, se trancafia em jaulas de emoções destrutivas.

Felicidade, paz, amor, liberdade, plenitude — também chamados de *estados essenciais*, anseios da alma — podem ser os meta-objetivos, as intenções profundas de alguém, e isso não a impede de os buscar de forma completamente equivocada.

Reconhecer esse fato não significa aceitar ou apoiar ações negativas. Mas pode ser útil para, internamente, abrir-se o espaço à compreensão e, em seguida, ao perdão. Também pode ser eficaz para, numa relação de ajuda, apontar novas direções ou abrir o leque de opções comportamentais para alguém, evidenciando que sua atitude pode estar colaborando para distanciar o meta-objetivo, que é sua intenção profunda.

Está aqui organizado este pensamento: podemos perdoar qualquer ser, apesar de suas ações equivocadas. No entanto, não podemos acolher e validar suas ações disfuncionais, embora aceitemos sua natureza e até possamos amá-lo.

2 — As pessoas fazem aquilo de que são capazes naquele momento.

Tudo aquilo que decidimos, realizamos, pensamos, aceitamos e concretizamos, bem como nossos valores e crenças, enfim, tudo o que faz parte da nossa maneira de ser, tem a ver com o atual estado evolutivo em que nos encontramos.

Se alguém faz uma escolha, mesmo que seja a pior, foi a mais viável em se tratando da sua capacidade naquele momento.

— Ah! Mas ele podia ter feito diferente, podia ter escolhido agir de outro jeito. Não teria me magoado tanto...

Embora no repertório de ações possíveis o indivíduo tivesse outras opções, aquela foi a única ao alcance dos recursos mentais/emocionais de que dispunha naquele momento. A constatação dessa realidade traz também uma ótima forma de encarar nossos desacertos, para que possamos deixar acontecer o autoperdão.

Aquilo que fiz no passado não precisa me angustiar mais. Percebo que foi uma atitude própria da minha natureza evolutiva para aquele momento e posso, desde já, transcender o arrependimento vazio em direção a uma ação de aprendizado e reconstrução. Sou alguém diferente agora. Como posso agir a partir desse instante? O que posso fazer para atenuar as dificuldades que causei a mim mesmo e aos outros? Perdoo a mim mesmo e sigo adiante.

A atitude de se autoflagelar não trará nenhuma consequência positiva. Seja para encarar melhor suas próprias ações negativas do passado, como as das outras pessoas em relação a você, esse é um pensamento muito valioso. Foi feito o que naquele momento era possível para a evolução que se possuía. Quer ver?

- O menino de 4 anos que colocou o gatinho na geladeira e fechou a porta;
- o colega que sabotou o seu projeto a fim de ascender na carreira;

- o cônjuge que traiu;
- o filho que perdeu o ano;
- a vizinha que falou mal a seu respeito;
- o assaltante que levou seu dinheiro e ainda o feriu;
- o chefe que o ridicularizou frente a outros colegas;
- a empregada que queimou seu vestido Armani com o ferro de passar;
- o camarada que bateu em seu carro e ainda saiu xingando;
- o marido que não valoriza o esforço que você faz pra deixar tudo em ordem dentro de casa;
- a secretária que perdeu o documento importante;
- a mãe que não lhe deu amor da forma como você queria;
- o pai que a molestou;
- o professor que o pôs de castigo.

Cada uma dessas pessoas tinha, naquele momento, um conjunto limitado de recursos interiores, de inteligência emocional, de posturas comportamentais disponíveis e, além disso, procurava algum meta-objetivo. A ética, ou seja, a capacidade de fazer escolhas, está relacionada com o que é possível para a psique que decide. Ou acaba surgindo simplesmente por automatismo. Muitas são as escolhas que na verdade não são escolhas e sim imposições por hábitos.

Poderia citar agressões ainda mais dolorosas, mas creio que você já percebeu que a ideia vale para a ofensa mais branda ou para a mais dura.

Cada um queria acertar de acordo com sua forma de ser. Queria algo que em essência fosse bom para si, e pode até não ter pensado em você. Mas, no fundo, era muito mais alguém limitado do que essencialmente perverso. Como se diz: "Somos mais ignorantes do que maus".

Certo episódio me vem à mente, ocorrido com uma gatinha que tive. Seu nome era Boa; ela nascera cega e foi criada com muito amor pela minha família. Apesar da escuridão completa em que vivia, nossa gata se orientava bem pela casa e parecia saber exatamente como caminhar pelos espaços, entrar e sair dos aposentos, subir nas cadeiras e no sofá. Especialmente comigo ela possuía grande afinidade. Quando eu a chamava, ela vinha correndo até me encontrar e deitava aos meus pés para receber carinho na barriga.

Além de Boa, também tínhamos outro animal de estimação à época, um tanto quanto inusitado: uma rã. Seu nome era Helga e ela vivia em liberdade, num vaso de plantas da sala. Era um animalzinho muito curioso, pois sempre saía para caçar à noite e voltava pela manhã para se instalar no vaso. Não parecia nos temer, pulava sobre a mesa até chegar a sua *casa*, ou do vaso para a fresta da janela, independente de estarmos todos em família assistindo à TV. Em dias ensolarados, quando começava a coaxar, minha mãe dizia: "Vem chuva por aí. Helga está anunciando." Dito e feito. Em menos de 8 horas caía um pé d'água.

Fomos nos acostumando com a presença da rã e criamos afeto por ela.

Eis que, numa manhã como qualquer outra, encontramos o corpo inerte de Helga perto da mesa de centro. Observando com atenção o "cadáver", não foi preciso muita perspicácia nem a análise de um perito em medicina legal digno do *CSI* para descobrir quem a havia *assassinado*. Fiquei com muita raiva de Boa. Acho que foi a única vez em que senti raiva dela.

Levei algum tempo para processar a emoção e ver que não se tratava de maldade, mas de instinto. E que havia no fundo uma intenção boa para que Boa tivesse feito o que fez. Foi o que sua evolução permitiu naquele momento. Mesmo cega, possuía grande capacidade de perceber movimentos e sons e, provavelmente, no momento em que Helga chegava de sua expedição noturna, de volta pra casa, sentiu-se impelida a caçar.

Apesar de toda a capacidade de compreensão que esses pensamentos nos oferecem, é importante lembrar certos aspectos, que veremos a seguir.

Perdoar não significa esquecer — Perdoar tem a ver com emoção e não com memória. É possível lembrar de algo que uma pessoa fez, mas se existir de fato o perdão, a memória ocorre de uma forma diferente, sem angústia, sem dor e sem o desejo de vingança. Quando perdoamos nos livramos da acidez, do rancor e da mágoa, mas não iniciamos um processo de amnésia. Portanto, perdoar não é esquecer, mas lembrar-se de forma diferente e passar o filme do acontecimento menos vezes na tela mental.

Perdoar não significa compactuar com o erro — Compreender as razões que levaram alguém a ter determinada atitude e ser capaz de perdoar não significa concordar com o erro nem tampouco alimentá-lo. É possível, inclusive, deixar claro para a outra pessoa seu ponto de vista divergente.

Perdoar não significa estimular novas atitudes equivocadas — É possível que alguém pense em determinadas orientações do Evangelho, tais como "Ofereça a outra face" e "Perdoe setenta vezes sete", considerando que Jesus recomendasse ficar passivo diante das situações. As ideias foram explanadas em metáforas; não podem, portanto, ser tomadas ao pé da letra. O pensamento sugerido é o de lidar de forma diferente com a situação, ou seja: se alguém lhe agride, ofereça a outra face, a do perdão; se alguém é violento, ofereça a face da paz; se alguém foi desonesto com você, seja ético e verdadeiro com ele. Porém, se alguém o ataca, procure defender-se ou esquivar-se do golpe. Dizer "Venha e bata deste outro lado também" parece-me insanidade. Além de tudo, contribuirá para a permanência do outro no erro. E, se o outro cometeu um crime, embora o perdoemos dentro do coração, é importante que sobre ele incida o rigor da lei.

Perdoar não significa querer permanecer na companhia de alguém que faz coisas com as quais não concordamos — Eu costumo estar na companhia de pessoas com quem me afino em pensamento e em vibração. Se houve algum episódio muito marcante em que me senti ferido com algo que uma pessoa fez, posso perdoar, não desejar mal, entretanto posso não desejar mais a companhia dessa pessoa e, se for possível, posso optar por manter distância. Em caso de ser obrigatória a convivência por um tempo, posso guardar algum afastamento respeitoso.

Aceitar nossa humanidade e, a partir do autoconhecimento, saber quais são os nossos limites, também é algo muito valioso.

Visualização criativa: o perdão

Esse exercício pode trazer alguns importantes resultados no que diz respeito ao perdão. Trata-se de um típico exercício de PNL apoiado em uma visualização criativa. É importante buscar um local sossegado e procurar concentração e relaxamento. Dessa forma o exercício trará maior resultado. Se quiser, peça para alguém ler as orientações passo a passo, bem devagar, enquanto você acompanha e realiza os procedimentos internamente.

1. Relaxadamente, coloque-se numa bela paisagem, num lugar de paz e repleto de belezas naturais. Recorde-se do fato que lhe feriu ou magoou. Sugiro que veja o fato de forma dissociada, ou seja, que você se imagine olhando o episódio num aparelho de TV, que magicamente aparece aí, nesse local. O importante é você estar de fora nesse primeiro momento, apenas observando.
2. Imagine dois *eus* que aparecem para um encontro com você aí onde está. São dois *eus* que coexistem

em seu interior. Um que acha importante manter a raiva, o rancor. E um segundo *eu* que decidiu perdoar. Deixe que eles apareçam com alguma forma. Pode ser que as partes do inconsciente se apresentem visualmente ou que elas queiram apenas conversar; portanto, as respostas surgirão como vozes internas. Outra forma de comunicação é por meio de sensações que serão traduzidas por você durante a experiência.

3. Pergunte: O que você ganha em manter o rancor? O que vem de bom mantendo o rancor (ou a ideia de vingança)? Continue investigando e faça perguntas do tipo: e quando você consegue isso, o que vê de bom para você? Insista até que surja algo profundo e valioso: o meta-objetivo (conforme vimos anteriormente, no exemplo da entrevista hipotética com o terrorista).

4. Proceda igualmente com o segundo *eu*, aquele que quer o perdão. O que você consegue de bom com o perdão? E o que vem de bom com isso?

5. Agradeça a ambos por desejarem coisas valiosas, por terem intenções positivas no fundo.

6. Peça licença aos dois para encontrar em seu interior uma terceira parte, um terceiro *eu*, que já sabe perdoar. Nesse momento, lembre-se de um instante da sua vida em que você de fato perdoou alguém. Se for difícil, lembre-se de um instante em que perdoou uma criança. O que importa é que você acesse esse lado seu que já sabe perdoar.

7. Imagine esse *eu* que sabe perdoar indo ao encontro dos outros dois, integrando-se com eles.
8. O segundo *eu* oferece ao primeiro a vontade. O terceiro *eu* oferece ao primeiro o saber. Imagine que eles estão doando vontade e sabedoria ao primeiro *eu*. Isso pode ser feito vendo partir deles uma espécie de energia ou luz que vai na direção do primeiro eu. Que seja da forma como sua mente quiser fazer.
9. Deixe que os *eus* se integrem e formem uma única parte agora. E você, calmamente, abrace esse eu único que se formou.
10. Pergunte a si mesmo se há alguma parte sua que faz objeção a perdoar. Se a resposta interna for afirmativa, pode negociar com essa parte dizendo a ela que você não vai deixar nada de mal acontecer, e que não permitirá ser ferido outra vez. Apenas quer libertar-se das correntes nocivas da mágoa e voltar a ser feliz.
11. Olhando de novo aquela situação na TV, procure pensar sobre quais recursos o outro não dispunha naquele momento. Pode ser que ele não tivesse paz interior, ou amor, ou capacidade empática... Deixe que apareçam espontaneamente as respostas. Quais eram os recursos que faltavam àquela pessoa naquele momento? Para cada recurso que surgir, pense em uma cor diferente.
12. *Chuva de recursos.* Imagine uma grande chuva de luz, nas cores dos diversos recursos, banhando você; sinta essa chuva lhe envolvendo, respire essa chuva, encha-se com ela, abasteça-se dela, ouça seus sons.

13. *Doação*. Plenamente abastecido com os recursos, doe-os àquela pessoa, deixando que emanem de você em direção a ela, inicialmente na tela da TV. Depois imagine que a TV desaparece e visualize você lhe enviando os recursos. Onde quer que esteja nesse momento, receberá os benefícios doados por você. Utilize o tempo que for necessário para concluir essa etapa.
14. *Ponte para o futuro*. Imagine que algum dia seus caminhos podem cruzar com os dessa pessoa. Como é sua sensação? Algo mudou?
15. Agradeça sua sabedoria interior e a todas as suas partes ou subpersonalidades pelo fato de ter contribuído com o exercício.

O AUTOPERDÃO

Recordo-me de uma ocasião em que, aos 13 ou 14 anos de idade, ensaiava uma peça no camarim do auditório da escola com outros colegas. Algumas crianças pequenas, que estavam na hora do recreio, brincavam e corriam, a todo momento entrando no local onde estávamos, perturbando nossa concentração. Gritávamos com elas e repetidas vezes as expulsamos do espaço para que pudéssemos fazer o ensaio. Foi quando alguém sugeriu fechar a porta de uma vez e pôr um móvel atrás, impedindo-as de entrar.

Enxotei as últimas crianças, batendo a porta em seguida.

Ouvi alguns gritos: "Abra a porta! Abra a porta!", mas não abri, porque o melhor era nos isolarmos e fazer o ensaio. De repente, ouvi: "Minha mão está presa! Abra a porta!". Meu corpo todo gelou e corri para abrir, vendo a seguir um menino de talvez 6 anos, com o rosto vermelho e coberto de lágrimas, segurando a mão, que parecia bastante ferida.

Vi tudo girar, confesso. Imaginei a dor que produzi involuntariamente àquela criança. Minhas pernas gelaram e, por um momento, parecia que ia desmaiar. Alguns colegas correram para ajudá-lo, levando à enfermaria, enquanto eu me sentava no chão e prorrompia em choro convulsivo.

Esse episódio, que ocorreu há mais de três décadas, costuma ser para mim um símbolo de como se pode ferir, machucar, mesmo sem ter consciência nem intenção.

Lembro-me de como foi difícil me perdoar e com frequência a cena vinha à minha mente. Já tive uma subpersonalidade autopunitiva que, naqueles tempos, adorava me martirizar, fazendo a cena reprisar. Ficava remoendo o ocorrido várias vezes, atormentando-me. A sensação de culpa era profundamente angustiante. Ainda adolescente, não tinha muita capacidade de lidar com aquelas sensações e sofri bastante. Note que, no caso em questão, foi uma situação acidental, sem qualquer intenção de ferir.

Hoje percebo que é possível lidar com essas realidades de forma diferente. Quando faço avaliações sobre meus atos, palavras e pensamentos, a maneira como faço é completamente nova.

O interessante é observar que, mesmo sendo perdoado pela outra pessoa, ainda assim podemos permanecer nos chicoteando por dentro.

É possível que você também já tenha se perguntado, até de maneira bem rude: "Por que fiz isso?" Ou então: "Como fui capaz de fazer uma coisa dessas?" São perguntas que vêm da parte crítica que todos temos dentro de nós e que, apesar de querer nosso bem, às vezes exige um enquadramento da nossa forma de ser a uma arrumação tida como perfeita. Muitas vezes queremos que nossa *persona* — isto é, a imagem com que nos apresentamos ao mundo nos diversos contextos sociais — seja aceita, acolhida, respeitada. Quando isso não ocorre, sentimos que somos pequenos, e ficamos tristes ou envergonhados.

Curiosamente, a vergonha é um estado ou afeto "negativo" que dá pouco *Ibope*. Já estive diante de muitas pesquisas acerca do medo, da raiva, da tristeza e da culpa. Livros e mais livros sobre ansiedade. Contudo, não recordo de ter lido muita coisa sobre a vergonha de uma forma mais detalhada. É possível que ela apareça em virtude de nosso próprio processo evolutivo, que, como lei inexorável da vida, propõe que seu *eu* de hoje seja melhor que o de ontem, e menor que o de amanhã. Dessa forma, olhar para o passado com a consciência que se tem hoje, mais desenvolvida, pode propiciar julgamentos e fazer brotar sensações de inferioridade. Outro ponto interessante: quando somos capazes de sentir alguma vergonha de coisas que já fizemos... isso pode ser um bom sinal. Pode haver até mais problema em pessoas sem vergonha alguma do que naqueles que têm alguma vergonha dos seus atos.

Para que se procedam análises mais produtivas acerca da nossa história de vida, numa dinâmica de autocrítica, será fundamental acessar os seguintes recursos:

Coragem — para se olhar aspectos sombrios da própria personalidade ou que não correspondem ao que o mundo espera de nós;

Acolhimento — para agir com nossa subpersonalidade que possui comportamentos equivocados, do mesmo modo como se age com uma criança;

Flexibilidade — para perceber que é possível mudar, sem importar o que foi feito e sim o que se pode fazer a partir de agora.

É comum encontrarmos aqueles que são bastante condescendentes com os erros alheios, e excessivamente severos com os próprios erros. Esse quadro psíquico leva o sujeito a autoflagelar-se interiormente. O chicote da autoconsciência punitiva é ferino demais e não traz ajuda efetiva em processos transformacionais.

Diversas doutrinas religiosas, quando distorcem os textos originais dos mestres que as criaram, acabam por gerar em seus seguidores sensações de pequenez oriundas de culpa, vergonha e arrependimento. Nesse processo, o eu essencial, mais profundo, empana-se e perde o brilho.

Você não está ferindo Deus quando faz algo que não corresponde ao seu ideal evolutivo. O Criador está acima disso. É ingenuidade querer humanizar Deus com sensações que o caracterizariam como um ser passível de ser ofendido, magoado. Você pode apenas ter seguido seus instintos, ou ter atendido a um desejo de uma subpersonalidade pouco integrada com o todo do seu universo interior. Antes de tudo, você estava sendo sincero com sua realidade, pertencente àquele momento, que hoje é diferente. Saber que você teria novas opções hoje já é um grande progresso.

Vale recordar a orientação de Jesus à mulher que viu seus possíveis algozes largando no chão as pedras com as quais iriam puni-la: "Vá, e não peques mais."

Ter consciência do que é melhor para o próprio crescimento não invalida o fato de que o aprendizado construído até ali foi possível também em virtude dos erros cometidos. Eles são parte importante de nossa trajetória de crescimento.

Há dois pressupostos da PNL que já vimos e que se aplicam nessa situação:

1 — Toda ação tem por detrás uma intenção positiva para o sujeito.

Por mais que hoje repudiemos nossa atitude anterior de ação ou omissão, é bom lembrar que ela tem por detrás um meta-objetivo, que é a intenção profunda, positiva, universalmente buscada e profundamente integrada com o todo das nossas buscas. Por exemplo: o pai que bateu em seu filho pequeno, num diálogo hipotético com essa parte que promoveu a ação, poderia pensar seguindo a linha de raciocínio exposta adiante:

- objetivo primário: fazê-lo ele parar de quebrar seus brinquedos;
- objetivo secundário: mostrar que é importante valorizar o dinheiro que foi investido;

- objetivo terciário: estimular nele o respeito à minha autoridade de pai;
- meta-objetivo: com isso, surge um estado de felicidade.

É possível notar que a subpersonalidade desse homem busca felicidade, lá no fundo, e ainda assim a atitude escolhida é a de bater na criança.

Quando descobrimos o meta-objetivo, aquela busca que está além do óbvio, é possível procurar outras alternativas comportamentais para alcançá-lo, em vez de se chicotear internamente. Passamos a entender melhor nossas motivações. Cabe um pedido de desculpas ao outro e a si mesmo para depois dar um passo na direção do progresso — isto é, fazer de forma diferente.

Alguns meta-objetivos que estão por trás de diversas atitudes equivocadas: amor, liberdade, paz e segurança. Tratamos aqui de estados que todo espírito humano procura, portanto são também chamados de *estados essenciais*. Para muitos autores, em diferentes linhas filosóficas ou psicológicas, ainda haveria um que é o mais profundo de todos: a felicidade.

2 — O que fazemos é o melhor de que dispomos no momento.

É certo que poderíamos ter agido de outras maneiras. Às vezes até surgem em mente diversas possibilidades mais interessantes. Contudo, para os recursos que estavam ali acessíveis, e que favoreceriam maiores discernimento e competência emocional, aquela foi a melhor escolha disponível.

Posso citar o caso de alguém que conheço e que buscava paz. Esse era seu meta-objetivo. Vivia grande angústia, fruto de um processo depressivo, e não detinha, na época, nenhum aprofundamento maior no que diz respeito à espiritualidade. Acabou por tentar o suicídio. Queria paz e achou que a morte traria esse estado essencial. Hoje, percebe que havia outras formas de buscá-lo e tem se esforçado nesse sentido. O grande desafio que vive é o de se perdoar por seu gesto autodestrutivo. Já faz progressos nessa direção ao perceber nitidamente que hoje é alguém muito mais capacitado para enxergar a vida com olhos diferentes daqueles de alguns anos antes.

A pessoa que, no momento de desespero, agiu de forma abrupta, procurava alcançar um resultado e lançou mão do que havia disponível. Aquele ser, com o passar do tempo, transformou-se em outro. E merece uma nova chance.

Se, por acaso, surgir dentro de você alguma parte autocrítica muito severa, propondo que fique se punindo, há aqui algumas sugestões neurolinguísticas que podem ser úteis:

1 — Mexa na estrutura auditiva da experiência. Observe como vem a voz do crítico interior e diminua o volume com que se apresenta, o tom, o ritmo. É como se, num processo de faz de conta, você estivesse com um controle remoto mágico nas mãos e pudesse agora alterar cada um desses aspectos. É natural que a voz surja inicialmente de forma rude. Deixe-a da maneira como você achar que será mais adequada. Lembre que esse seu poder é real e que você tem todo o direito de arrumar essa voz de modo mais útil. Afinal de contas, ela quer ajudá-lo, não é?

2 — Mexa na estrutura visual da experiência. Se, por acaso, a parte crítica apresentar imagens, reorganize-as. É possível que ela esteja o tempo todo reproduzindo a sequência com sua atitude equivocada em imagens muito vivas. Experimente diminuir o tamanho da tela mental em que ela aparece, colocar as imagens em preto e branco e desfocar um pouco. É muito provável que o efeito seja melhor e mais produtivo, trazendo sensações mais brandas.

3 — Mexa na estrutura sinestésica da experiência. Deixe que a recordação brote da forma como quiser e depois perceba quais as sensações que ela produz em você. Usando o mesmo princípio do controle remoto mágico, procure alterá-las. A experiência é fria ou quente? Deixe-a numa temperatura mais confortável. É pesada? Torne-a mais leve. Ela é áspera? Transforme-a em lisa ou macia. Tem cheiro ruim? Experimente banhá-la com um perfume agradável. Se quiser, tome consciência de seus próprios estados sensoriais de excelência e utilize-os.

Há um exemplo significativo a relatar. Muitos afirmam:

— Quando lembro uma atitude impensada que tive e que gerou dores em muitas pessoas amadas sinto uma pressão no peito.

Sugestão:

— Que tal agora pensar em uma área do seu corpo que está com sensação oposta e positiva? Consegue localizar alguma?

— Sim, minhas mãos estão com sensação suave agora — diz nosso interlocutor fictício.

— Ótimo, então proceda uma alternância. Sinta a sensação do peito, sinta a sensação das mãos. Sinta o peito, sinta as mãos... Repita o processo algumas vezes, focando a pressão no peito, e a sensação suave nas mãos.

O mesmo pode ser feito para outros tipos de sensações, como as térmicas.

É muito natural que se observe um grande alívio em pouco tempo. Seu sistema se automodela para que tudo fique bem, levando competência de uma área para outra. Lembre-se de que o alívio ocasionado, às vezes imediato, não dispensa os cuidados médicos e uma investigação mais criteriosa do sintoma. Caso se trate de um desequilíbrio orgânico, é importante saber qual é a real causa.

4 — *Mexa em crenças — ressignifique a situação*. Você pode começar por trazer à tona a parte responsável pelo comportamento inadequado. Deixe que sua sabedoria interior dê a ela uma forma. Procure tratá-la de maneira neutra, sem estabelecer julgamentos. Classificando-a como *ruim*, *fraca* ou *violenta* será difícil conseguir harmonia com ela. É importante tratá-la de um jeito absolutamente neutro. Pode dar-lhe um nome como *Parte* x, por exemplo, e olhar para ela com respeito, sem rótulos. Busque o que ela queria de bom por trás do comportamento — ache seu meta-objetivo. Agradeça

por ela desejar algo valioso como intenção profunda. Finalmente, localize sua parte criativa e peça que dê outras opções comportamentais, sugestões que abram o leque de alternativas, para que, num próximo momento, você possa agir de forma diversa.

Podemos chamar esse processo de *Ponte para o futuro*. Veja-se reconstruindo a experiência de formas mais interessantes e, em seguida, arquive tais possibilidades em sua mente. A subpersonalidade que propôs o ato não era má, e sim carente de opções. Esse é um novo significado, mais produtivo.

Para encerrar nosso debate sobre esse tema, aqui estão alguns pensamentos úteis para o perdão e o autoperdão, que podem ser recitados como uma espécie de mantra:

Por ter maturidade e inteligência emocional, eu perdoo (ou me perdoo).

Por me amar e querer o melhor para mim, eu perdoo.

Por ter valores nobres e saber distinguir o que é útil e o que não é, eu perdoo.

Por saber que tenho o poder de decidir quais são os rumos que darei a minha vida, eu perdoo.

Por ser, desde já, alguém que constrói uma estrada feliz para caminhar, eu perdoo.

Por estar em conexão com o divino, eu perdoo.

Reflexão

A sala mal-arrumada

Como uma sala mal-arrumada
pode estar meu interior em alguns momentos.
As cortinas podem se mostrar fechadas,
voluntariamente guardando uma escuridão
tida como necessária.

Não me agrada encarar a poeira sobre o aparador,
nem aquela que já escondi embaixo do tapete.
Não me apraz mudar de lugar a estante,
nem me desfazer de bobas lições
dos velhos livros que ela insiste em me oferecer.
Não me anima tirar o forro do sofá,
e desnudar o tecido de trama gasta,
feita de fios que já deram o que tinham que dar...

Mas o inevitável novo invadirá a sala.
A paisagem mandará seu sol no tempo certo,
que violentará a vidraça
e que devassará, apesar da cortina, a bruma de dentro.
Haverá cântico abraçando o silêncio,
que fenecerá por não poder competir com gorjeios, e
ventos, e chuva no telheiro e ondas do mar...

No tempo certo, tudo acontecerá.
A sala se transformará e o ambiente será outro.
Estarei a contemplar, da poltrona mais confortável,
o novo cenário. Quadros novos na parede testemunharão
o dia a dia cheio de festa.
Outros, entretanto, estarão repletos de "talvez
tivesse sido melhor..."

De qualquer sorte, viverei ar renovado.
E brilharei com velas que, acesas, perfumarão noites
[serenas
e com alvorecer dourado me banharei no parir
[de um dia
outonal.
A sala será outra, meu interior se renovará.

O primeiro passo?
Pode já ter sido dado.
Que eu saiba viver o agora e fazer, com ele, o porvir.
Com calma, para não esbarrar nos móveis.
E com coragem, para escolher tornar concreto o
[aparentemente impossível.

CAPÍTULO 4

O PORQUÊ E O COMO

Recado do gato

Estou sereno deitado em um tapete.

Repouso porque estou bem-alimentado e em segurança. Sinto-me tranquilo e em paz.

De repente, alguém lança um novelo de lã em minha direção. Meu impulso de brincar e me divertir é mais forte que o desejo de repousar e corro atrás do novelo.

Pulo, brinco, jogo a bola de lã para o alto com minhas patas.

Não me importa quem atirou o brinquedo em minha direção, tampouco quero aprofundar os porquês. Em vez de olhar para "de onde veio o novelo", fixo a atenção em "o que posso fazer com ele".

A pergunta não é "Por que me atiraram isso?", e sim "O que posso fazer com isso?". Ou então: "Como me divertir ao máximo com essa coisa que surgiu?"

Contam que um sujeito vivia triste por conta dos seus soluços intermináveis. Ele acordava com soluços, ia para seu trabalho com seus soluços e voltava para casa, à noite, ainda soluçando. Amigos tentavam ajudá-lo com simpatias, receitas e outras crendices que pudessem pôr um fim naquele tormento. Mas nada dava resultado. Em certa ocasião ele encontrou um ex-colega, que sugeriu análise.

— Você precisa fazer algumas sessões de terapia e verá que seu problema acabará. Isso é algo da sua mente! Aqui está o cartão do meu analista. Você vai ficar bom.

— Muitíssimo... irc! Obrigado... irc! — respondeu ele. — Começarei amanhã mesmo!

Depois de alguns meses, os dois voltaram a se encontrar.

— E então, meu amigo! Ficou livre dos soluços com esse tempo todo de análise?

— Não, não... irc! Os soluços continuam. Mas agora eu já sei o que os causou. Foi um trauma de infância! Irc! E também eles já não incomodam mais... irc!

Essa anedota marota faz referência a alguns processos analíticos que apenas descobrem os porquês dos problemas, em vez de buscar caminhos de transformação. Notamos duas distintas direções em escolas terapêuticas: as explicativas e as operativas.

Em muitos momentos a descoberta do *porquê* pode ser de suma importância, sobretudo quando é possível, dessa forma, interromper a continuidade de atitudes mentais ou comportamentais de quem vive o problema. Entretanto, envidar esforços na descoberta do *como* pode ser mais útil.

Eduardo é um profissional muito competente. Seu trabalho como médico é bastante reconhecido e os diversos cursos de especialização que fez, com bastante esforço por não contar com grandes facilidades financeiras, o diferenciam dos demais colegas em sua área de atuação.

Contudo, Eduardo está insatisfeito com os seus rendimentos. O que ganha é pouco para a vida que gostaria de oferecer a si mesmo e a sua família. Seus pacientes na clínica pechincham e acabam pagando valores menores que o estipulado para as consultas. Reclamam a todo instante, queixam-se da situação econômica em que se encontram, choram miséria e ele consente em reduzir o valor; por vezes até atende gratuitamente. Já teve também problemas sérios com sociedades que não deram certo, e quem acabou mais lesado foi ele.

Diante desse quadro, Eduardo resolveu começar um processo de autoconhecimento que o levou a descobrir o que gerava essa incapacidade de lidar bem com o dinheiro.

Por meio de alguns trabalhos terapêuticos, descobriu diversos momentos em sua história de vida em que sofreu abusos por não querer magoar pessoas.

Numa sessão terapêutica onde se aplicou técnica regressiva ele resgatou uma memória afetiva: ainda no útero ele sentiu a rejeição de seus pais à sua chegada, com grande risco de ser abortado. Em decorrência disso, consolidou uma forte crença de que deveria agradar sempre para não ser rejeitado, de que deveria ser bom e não poderia dar margem a situações que fizessem as pessoas se sentirem magoadas com ele. Embora na vida a perspectiva de multicausalidade seja bem melhor que a de unicausalidade, esse fato poderia ter sido o disparador dos problemas que Eduardo viria a enfrentar no futuro.

Foi uma descoberta importante, e com ela Eduardo começou a ficar bastante atento à repetição de seu comportamento de aceitar tudo de todos. Mas, curiosamente, ele não conseguia impedir que o fato se repetisse.

Ele já sabia um possível *porquê*. Era fundamental agora descobrir o *como*.

Milton Erickson, pai da hipnose naturalista, costumava dizer que a *etiologia* — isto é, o estudo da causa, da origem de alguma coisa — muitas vezes é paradoxalmente contraproducente, e pode até dificultar a cura. O mesmo pensamento era defendido por Fritz Perls, criador da Gestalt-Terapia. Ambos sustentavam a ideia de que algumas pessoas não têm estrutura muito preparada para lidar com a verdade causadora dos processos que vivem e, assim, podem até se utilizar dessas descobertas para justificar a manutenção de seu estado e de seus comportamentos.

"Ah! Então é por isso que sou assim... Como poderei mudar tendo passado por tudo o que já passei?" Descobrir o porquê acaba sendo, para algumas pessoas, uma forma de acomodar-se diante do problema.

Há um pensamento do filósofo Jean-Paul Sartre que é resgatado pela PNL e traz uma luz valiosa sobre essa questão: "O mais importante não é o que fazem conosco, mas o que fazemos com aquilo que fazem conosco."

Há situações equivalentes que são vividas por pessoas diferentes e que ocasionam consequências opostas. Alguém que foi vítima de algum tipo de violência urbana pode ficar profundamente traumatizado. Por conta disso, pode desenvolver medos e até fobias, recusando-se a passar por determinado local, ou sentindo-se em pânico quando está na presença de algum elemento que lembre o episódio. Pode até mesmo criar uma espécie de aversão à humanidade ou um pessimismo crônico em relação à vida. Curiosamente, há quem mostre atitude bem diferente.

Um porquê útil

> "Aos homens não basta saber que existem,
> mas para quê existem."
>
> Viktor Frankl

A história de Viktor Frankl (1905-1997) é muito interessante. Competente psiquiatra austríaco, viu-se encarcerado em campos de concentração nazistas, durante a Segunda

Guerra, após perder tudo o que tinha. Estava sujeito a uma vida sub-humana, com outros milhares de infelizes.

Apesar de tudo que viveu, trata-se de uma das personalidades mais brilhantes no campo do entendimento da mente humana, e a ele é atribuída a criação do termo *vazio existencial*. Seu livro *Em busca de sentido* vendeu milhões de cópias em todo o mundo e é considerado um dos mais influentes livros para os EUA, de acordo com matéria do *New York Times* do ano de 1991.

Vivendo os infortúnios de ser prisioneiro em Auschwitz e Dachau, poderia ter pensado "Por que estou aqui?" ou "Por que preciso passar por essa experiência?" No entanto, sua mente encontrou outro caminho.

Diante de dores e dificuldades muito amargas, Frankl notou que se mantivesse internamente um objetivo, um propósito — melhor dizendo, se encontrasse um sentido para sua vida, teria como ir em frente e sobreviver. Respondendo à questão "Como farei para permanecer vivo aqui dentro?" descobriu que mentalizar seu futuro, querer realizar algo importante quando aquilo tudo terminasse, visualizar-se fazendo conferências, escrevendo seus livros, tudo isso poderia servir como uma espécie de combustível.

Era a busca de um *por que viver*, que linguisticamente se aproxima mais de um *para que viver*. Em vez de um porquê de investigação voltado ao passado, trata-se de um porquê com os olhos no futuro.

Nietzsche dizia que "Quem tem um *porque* viver pode suportar quase qualquer *como* viver". O mesmo pensador também nos diz que "Aquilo que não nos mata nos torna mais fortes". Frases valiosas.

Acredito que ambas se encaixam na experiência de Frankl. Ele saiu de Auschwitz e criou, a partir da própria experiência de viver aqueles anos terríveis no campo de concentração, a Logoterapia, ou a Terapia do Sentido, que propõe a descoberta de um significado para a vida e, assim sendo, estimula processos de transformação significativos em seus pacientes.

É importante lembrar que Viktor Frankl passou 34 meses como prisioneiro no campo de concentração, e que perdeu lá dentro sua esposa grávida, seu pai, sua mãe e seu irmão. Ainda assim, encontrou sentido para viver: a obra que pretendia destinar à humanidade.

Para Frankl, é fundamental ter um sentido para a vida, um "por que viver", ou um "para que viver". Aos 14 anos, ao ouvir de seu professor de Ciências que a vida era apenas um processo de combustão, nada além disso, pergunto-lhe: "Mas, professor, então, que sentido a vida tem?" Foi a primeira vez que a questão do propósito da existência humana lhe ocorreu.

Em seu trabalho com suicidas num hospital psiquiátrico de Viena, Frankl fazia uma série de perguntas para saber se um paciente já poderia ter alta.

A sequência era mais ou menos essa:

— Já estamos perto do momento de deixar você sair daqui. Sabia disso?

— Sim.

— Você está verdadeiramente livre de qualquer intenção de cometer suicídio?

— Eu não tenho mais nenhuma intenção de cometer suicídio. Posso ir embora para casa.

— Por que não vai mais tentar se destruir?

Nesse ponto crucial do diálogo brotava a resposta que faria ele saber se o paciente de fato merecia confiança ou não. Ele não daria alta se o paciente dissesse com voz trêmula, olhando para baixo, algo do tipo: "Não, doutor, eu não vou mais tentar o suicídio." Entretanto, avaliaria como positiva e confiável uma resposta que mostrasse a intenção de chegar a algum objetivo: "Quero fazer um trabalho", "Desejo realizar algo em minha igreja" ou "Tenho minha família pra cuidar; ela conta comigo". Respostas como essas apontavam para um *por que viver*. Um porquê útil, focado no futuro.

Pais e mães: eternos culpados?

"Fale-me sobre sua mãe." Costuma-se dizer que essa é a frase clássica do início de um processo de análise.

Muito embora a família tenha importância decisiva no processo de construção da estrutura de personalidade de uma pessoa, não podemos dizer que seja determinante em todos os casos, ou que pais e mães, sobretudo, possam ser responsabilizados por todas as coisas que vierem a acontecer na vida de alguém. Seria muito fácil e geraria uma inútil acomodação acreditar que a maior parte dos nossos problemas decorre de mãe e pai incompetentes que tivemos. Além do mais, não parece muito justo.

Há que se ter uma real noção de como nossas escolhas podem ser decisivas em tudo o que diz respeito à felicidade ou à infelicidade.

Há um interessante caso de dois irmãos que seguiram vidas muitíssimo diferentes, embora tenham vivido na mesma casa durante a infância e a adolescência e fossem filhos dos mesmos pais. Contam que um pesquisador quis usar a história deles para ilustrar sua tese a respeito da influência relativa do meio na vida das pessoas. Ele procurou entrevistar os dois rapazes, pois o caso era perfeito para seu trabalho.

Um deles era um empresário muito bem-sucedido, um exemplo de pai e de cidadão. O outro, muito infeliz, padecia na cadeia uma amarga pena por tráfico de drogas e tentativa de assassinato.

O pesquisador visitou primeiramente o rapaz que se encontrava na penitenciária. Fez diversas perguntas e terminou sua entrevista com a questão:

— O que fez você ter o destino que você tem?

— Meu pai era um viciado — respondeu ele. — Espancava-me quase diariamente e foi preso inúmeras vezes. Que outro destino eu poderia ter?

Dias depois o pesquisador foi recebido pelo outro jovem, em seu elegante escritório. Explicou-lhe os objetivos do seu trabalho, disse-lhe inclusive que já havia conversado com seu irmão presidiário. As mesmas perguntas foram feitas, sobre sua vida, seus valores, sonhos, pensamentos e outros aspectos pessoais. Por fim, o pesquisador lançou-lhe a mesma questão culminante:

— O que fez você ter o destino que você tem?

A resposta foi praticamente igual:

— Tendo um pai que me surrava sempre e que esteve envolvido com drogas inúmeras vezes, que outro destino eu poderia ter?

Um dos irmãos usou sua história triste para justificar sua queda, enquanto o outro, vendo o pai como antiexemplo, não quis repetir seus erros. Usou a experiência para ascender. É muito valioso perceber que não obrigatoriamente devemos herdar dificuldades, comportamentos disfuncionais e valores equivocados dos nossos pais, como herdamos seus cromossomos.

James Hillman, em seu brilhante livro *O código do ser*, cita um episódio em que se aponta a mãe como responsável por um comportamento compulsivo dos filhos. Dois gêmeos idênticos foram separados ao nascer e, adotados por famílias diferentes, foram criados em países distantes. Ambos tinham mania de limpeza e de arrumação, além de um perfeccionismo doentio. Os dois irmãos lavavam as mãos tantas vezes por dia que elas frequentemente estavam avermelhadas ou feridas.

Perguntado acerca do motivo do seu comportamento, o primeiro afirmou que era por conta de sua mãe, que tinha mania de perfeição, limpeza e organização, a ponto de programar as dezenas de relógios da casa para tocar ao mesmo tempo, sem que houvesse diferença de segundos. O outro disse que a responsável pelo que vivia era a mãe:

"Uma porca, que deixava tudo sujo e desarrumado." Isso o fez assumir uma compulsão que compensasse.

Curiosamente, além do comportamento idêntico, ambos possuíam a mesma crença de que suas mães adotivas eram as responsáveis. Um deles, por tê-la como exemplo. O outro, por tê-la como antiexemplo.

No primeiro caso citado, os dois irmãos têm posturas completamente diferentes e imaginam que o responsável era o pai. E eram filhos biológicos desse mesmo homem. No segundo caso, os irmãos agem da mesma forma e *terceirizam* a responsabilidade, imputando-a às mães adotivas, que consideram suas mães biológicas.

Qualquer pessoa com bom senso sabe da grande responsabilidade que o meio familiar sadio ou desarmônico pode ter na vida de um ser que chega a este mundo. Pessoalmente, tenho a imensa felicidade de ter renascido através de pais muito especiais e que me ajudaram tanto na construção do que sou.

Sabemos também o quanto algumas pessoas não têm sorte nesse sentido, e do quanto são influenciadas por ambiente familiar cheio de exemplos negativos. Apesar disso, como se fossem imunes à conjuntura familiar em determinados aspectos, é possível notar um grande número de pessoas que contrariam as mais firmes estatísticas e que são seres humanos de muito valor, mesmo com todas as dores impingidas na infância e na adolescência por pais e mães — ou quem assumiu esses papéis — que se mostraram castradores, repressores, molestadores, tiranos ou ausentes.

As marcas que acabam deixando em seus filhos, em vez de lhes empurrarem para o chão, se tornam impulsos diferentes, de crescimento, pois suas almas são diferentes. Um pode experimentar a dor e crescer com ela, e até assumir a missão de impedir que outros passem por dores parecidas. Outro poderá reproduzir esse mesmo comportamento, a exemplo de boa parte dos pedófilos que, muito frequentemente, por sua vez, sofreram abusos sexuais na infância.

Portanto, há razões espirituais, programações interiores, decorrentes da evolução do espírito e que fazem com que ele se aproveite de tudo, inclusive dores e dificuldades, para poder voar ainda mais alto. É lógico que há influência do meio. E, ao mesmo tempo, para nós, também é lógico que as condições do ambiente não são determinantes. O espírito humano também pode ser influenciador e não apenas influenciado.

Enchendo a vida de sentido

Um dos aspectos mais importantes para promover, a partir de agora, uma transformação importante em sua vida é encontrar sentido para ela. Note que, para muitos, isso não é necessário. Aliás, poderíamos até questionar filosoficamente: existe essa coisa de sentido? Que não o vejamos como necessário, mas como possível, e como importante para alguns de nós.

Tratamos portanto de algumas visões de construção futura, de legado a deixar, de uma vida com alguma contribuição.

Esse sentido surge quando temos propósitos. Os gregos o chamavam de *telos* — e é daí que vem a palavra *teleologia*, isto é, o estudo do propósito, da finalidade.

Podemos encontrar, teleologicamente, algumas finalidades para a nossa vida pelas vias religiosa, profissional ou amorosa, por exemplo.

Há quem viva para preparar-se espiritualmente para o dia da morte, em que deixará o mundo físico e encontrará Deus, ou Alá, ou o nirvana, ou o mundo espiritual. Há outros que buscam crescer profissionalmente, fazer fortuna ou fama, deixar um rico patrimônio como legado a seus descendentes, ou um trabalho que torne mais feliz a humanidade. E existem aqueles para os quais o propósito máximo da vida é a plenitude do amor, seja manifesto na vida a dois ou nos papéis de pai e mãe, seja no desvelo a uma causa de âmbito mais abrangente, em favor da humanidade ou do meio ambiente.

É interessante observar que temos diversas áreas na vida para onde pode ser dirigida nossa atenção. Portanto, pode ser valioso encher a vida de propósito nos mais variados aspectos. Não importa qual foi a sua história até aqui, o que lhe ocorreu, por quais percalços passou, que tipo de vida levou. O que queremos agora é concentrar atenção em tudo o que há pela frente.

Sonhar acordado é algo muito sério. Peço que respeite bastante esse trecho da leitura, pois ele é decisivo.

Encher a vida de propósitos significa uma tomada de atitude corajosa. Medos são naturais e podem trazer mutilação dos seus propósitos, portanto esteja muito atento a eles.

Mantenha um pé no chão — seja capaz de construir propósitos sensatos. Deixe o outro pé no ar — seja otimista e sonhe alto.

Muitas vezes nossos medos e temores acabam se concretizando pelos mesmos motivos que tornariam mais reais nossos sonhos: devido à energia e ao tempo que destinamos a eles.

Contam que um homem percorria determinada região da Índia em que havia a lendária Árvore dos Desejos. Tratava-se de uma árvore mítica sob a sombra da qual qualquer desejo se realizaria. Sem o saber, o homem resolveu descansar sob a copa de uma linda árvore com flores de púrpuras perfumadíssimas. Era a Árvore dos Desejos. Ele estava muito cansado e por dias caminhou naquela região sem água nem comida suficientes. Atormentado pela sede e pela fome, exclamou, em voz alta:

— Ah! Como queria agora conseguir água e comida!

Imediatamente surgiram, pairando no ar, jarras de cristal com água fresca, bem como frutas saborosas e iguarias diversas em bandejas de prata. O homem deteve-se por um instante, espantado com a visão à sua frente, achando que seria uma alucinação causada pela inanição. Porém, ao sentir o aroma dos alimentos, avançou sobre eles e saciou-se.

Falou em seguida:

— Depois de tanto caminhar, o que mais queria agora era poder voltar pra minha cidade com algum dinheiro.

Sem demora começaram a cair da árvore centenas de moedas de ouro e prata. O homem imediatamente catou as moedas e as colocou numa sacola vazia que trazia às costas.

> *Infelizmente, deu voz ao seu medo em seguida:*
> *— Agora só faltava aparecer por aqui uma quadrilha de salteadores para roubar meu tesouro e me matar!*
> *Nem havia acabado de pronunciar a última palavra, surgiram dezenas de bandidos em seus cavalos e levaram suas moedas e sua vida.*

Essa metáfora antiga pode ser resumida em um conselho: cuidado com a força que dá a seus sonhos e a seus medos. Você pode estar embaixo da Árvore dos Desejos.

Apresento a seguir algumas áreas distintas e peço que anote pelo menos 4 ou 5 propósitos para cada uma delas. As categorias a seguir não foram listadas por ordem de importância. A importância de cada uma depende da realidade de sua vida e do seu momento atual.

1 — Corpo físico: estética e saúde

Há quem se esqueça de que está vivendo dentro de uma complexa e delicada máquina. Há quem se esqueça de que a vida orgânica é uma bênção preciosa e que merece cuidados. Você é assim? O que pode fazer pelo seu corpo? Existe algo que deixaria você mais saudável ou atraente e que está a seu alcance fazer? Como você pode ser mais gentil com seu bem-estar?

Exemplos:

- fazer caminhadas diárias;
- aumentar a massa muscular e diminuir a massa gorda;
- fazer sessões regulares de fisioterapia;

- fazer uma plástica para remoção das bolsas sob os olhos;
- cuidar da pele, aplicando hidratantes e filtro solar regularmente;
- contratar os serviços de um personal trainer;
- matricular-se numa academia;
- emagrecer 7 quilos de forma saudável;
- visitar um nutricionista e começar uma dieta equilibrada;
- fazer check-ups regulares;
- parar de fumar;
- iniciar as aulas de natação.

Não sei quais dos exemplos acima listados têm mais a ver com você e seu momento atual. Também não sei de que forma você se enxerga hoje, e se está satisfeito com sua saúde e sua imagem. O que sei é que todos nós, sem neurose alguma, podemos dedicar alguma atenção à estrutura física que recebemos de forma muito generosa das mãos do Criador. É importante que você liste alguns pontos abaixo, e que seja muito sincero consigo mesmo.

_____
_____
_____
_____
_____

2 — Autorrealização

Trata-se de uma área bastante abrangente, que diz respeito a tudo aquilo que pode fazer você sentir-se feliz consigo mesmo, bem como aos aspectos que lhe deem ânimo de investir em seu próprio crescimento. Há certas coisas que, quando as realizamos, provocam um sentimento de que algo muito rico começa a brotar do nosso interior, tornando-nos maiores e melhores:

- ler todos os livros de seus autores prediletos;
- aprender dança de salão;
- falar fluentemente mais um ou dois idiomas;
- fazer um mestrado ou doutorado;
- especializar-se em culinária típica de determinado país;
- aprender leitura dinâmica;
- tornar-se excelente pianista;
- iniciar psicoterapia;
- fazer uma formação de ioga;
- iniciar aulas de teatro ou outra disciplina artística.

Esses são apenas alguns exemplos. O que pode fazer você ficar mais contente em ser quem é? O que pode trazer a você um senso de orgulho maior no que diz respeito a suas potencialidades e habilidades?

Que tal listar alguns propósitos?

3 — Símbolos materiais: sonhos de consumo

Todos nós temos o olho preso em algumas coisas que queremos ter. E não se trata de consumismo ou esbanjamento inconsequente. Tratamos aqui de símbolos materiais que nos fazem sentir que podemos alcançar algo mais na vida. É emblemático desejar algo material e poder obtê-lo. Dar-se de presente algumas coisas pode ser uma atitude profundamente estimulante e significativa no tocante à autoestima. Vejamos:

- um carro novo, mais bonito, seguro e confortável;
- uma casa na praia ou nas montanhas;
- livros que promoverão crescimento e desenvolvimento de habilidades;
- livros que proporcionarão entretenimento e diversão;
- roupa de boa qualidade e que caia bem em seu corpo;
- um quadro bonito para contemplar na parede da sua sala;
- um bom vinho para degustar com amigos num jantar;

- um sofá novo, que combine melhor com a decoração da casa;
- um relógio daquela marca que você tanto gosta;
- uma máquina fotográfica com mais recursos.

Estou certo de que você tem a real noção do que está a seu alcance fazer agora. Às vezes guardamos alguns recursos em poupança, que costumo chamar de "o dinheiro da tragédia". É aquele dinheiro que fica armazenado para o caso de acontecer uma coisa ruim com você ou alguém da família. E se de repente bater o carro? E se um parente sem plano de saúde ficar doente? E se houver uma catástrofe natural? Obviamente não sou contra a atitude inteligente de pensar no futuro. O que trago aqui é um pouco de atenção para a exiguidade da vida física e para a importância de se permitir viver pequenos e grandes prazeres. Há pessoas que têm um medo incrível de presentearem a si mesmas como se não tivessem merecimento. É simbólico comprar algumas coisas simplesmente porque as desejamos. Pode listar algumas?

_____

_____

_____

_____

4 — Lazer, aventura e diversão

Aqui estão alguns propósitos que representam delícias da vida. Saborear o momento presente pode ser muito simples. Você tem reservado momentos para distrair-se e desfrutar a vida de uma forma mais leve? Será que sua alma pode resgatar agora a felicidade que obtinha quando saía para a praia num domingo ensolarado? E a alegria de um instante usufruído com amigos numa brincadeira simples de pique-esconde? Quais as coisas que lhe dão prazer na vida e que podem fazer seu momento presente de fato ser um presente? O que pode representar certo desafio que gele seu sangue e depois o faça sorrir a valer? Algumas sugestões:

- sair para um cinema ou teatro com amigos;
- pular de paraquedas ou de *bungee jump*;
- escalar uma montanha;
- viajar para um lugar exótico, tranquilo ou cheio de festa — você decide;
- ir à praia ou ao parque com a família regularmente;
- juntar-se a um grupo de espeleólogos;
- fazer uma trilha na mata;
- organizar um jantar com ex-colegas da faculdade;
- descobrir sabores em restaurantes exóticos;
- sair para dançar numa boate;
- marcar um jogo de cartas com amigos;
- experimentar uma montanha-russa com *looping*.

Às vezes esquecemos que temos uma criança interior que gosta de sorrir, brincar, divertir-se, emocionar-se. A vida é cheia de prazeres que podem ser vividos sem culpas ou medos.

___

___

___

___

5 — Espirituais/de Partilha

Como já vimos, o nível espiritual, para a PNL, é o nível do *quem mais,* da transcendência. Alcançar sistemas maiores que o *eu,* ir além da satisfação simples do ego. Ter objetivos nesse âmbito significa pensar eu e o outro, eu e Deus, eu e a comunidade, eu e a família, eu e o mundo. Exemplos:

- iniciar um trabalho voluntário em alguma instituição filantrópica;
- ensinar alguém a ler, bordar, pintar ou tocar um instrumento;
- meditar ou orar com mais regularidade;
- visitar um abrigo de idosos;

- ir a uma penitenciária para conversar com os encarcerados;
- fazer donativos para uma escola carente de recursos;
- criar uma ONG para preservação das matas;
- adotar uma criança;
- escrever um livro e doar os direitos a uma instituição beneficente;
- ajudar seus pais, seus filhos ou seus parentes com mais frequência;
- cuidar de animais abandonados;
- criar um grupo de estudos espirituais ou de oração;
- doar algumas horas do seu trabalho profissional para quem necessita.

Quando se buscam objetivos de ordem espiritual há normalmente uma sensação de agigantamento e de expansão; é como se não houvesse mais fronteiras entre o eu e o outro. Surge uma profunda experiência de comunhão, de conexão, e uma percepção de que a segregação na verdade nunca existiu.

_____
_____
_____
_____
_____

6 — AFETIVOS/DE RELACIONAMENTO

Estar acompanhado de pessoas nem sempre significa desenvolver afeto. Ter propósitos relacionados ao amor pode ser profundamente significativo para a vida de alguém. Os propósitos afetivos têm a ver com o amor em suas diversas formas de expressão relacionadas a uma pessoa especial para um relacionamento a dois, aos parentes e aos amigos. Segundo um pensamento de Viktor Frankl, "O amor é o derradeiro e mais alto objetivo a que o homem pode aspirar — a salvação do homem é através do amor e no amor". Listemos alguns:

- sair mais com pessoas queridas, destinar mais tempo ao convívio social;
- perdoar alguém legitimamente;
- abrir espaço para um diálogo mais franco com o cônjuge;
- superar o medo e aceitar aquele convite para jantar;
- dar uma chance àquela pessoa que lhe declarou amor;
- procurar maior profundidade em relacionamentos afetivos;
- telefonar ou escrever com maior frequência para pessoas queridas;
- fazer amigos;
- escrever poesias para a pessoa amada;
- organizar uma viagem de lua de mel extemporânea;
- dizer *Eu te amo* mais vezes;

- experimentar o toque físico mais frequentemente com outros seres humanos com quem se relaciona; perceber a importância de um abraço;
- transformar simples colegas em amigos;
- deixar de divulgar aspectos negativos da vida de outras pessoas;
- ter mais compaixão — colocar-se no lugar do outro antes de fazer críticas.

O sentimento de afeto bem-desenvolvido é profundamente antidepressivo e estimulante. Os propósitos relacionados aqui dizem respeito ao amor no relacionamento a dois, sentimento entre pais e filhos, familiares e à amizade. Todas essas dimensões são importantes e profundamente curativas. Pode listar agora alguns de seus propósitos nessa área.

_____
_____
_____
_____
_____

7 — Profissionais/Financeiros

Criatividade, aprendizado, prazer, satisfação interior, senso de contribuição com o mundo, sucesso econômico, amizade. Todas essas ideias podem ser associadas ao trabalho profissional. Seu ambiente de trabalho pode ser um espaço sagrado para sua felicidade e a de muitos outros seres. Contempla-se aqui a dimensão da produção ou comercialização de produtos ou a prestação de serviços de uma forma honesta, com atenção à importância da energia monetária. Vejamos alguns exemplos:

- Ter maiores rendimentos a cada mês;
- iniciar uma atividade paralela, como *freelancer*, além de ser empregado;
- preparar-se para um concurso;
- conversar com o patrão acerca de um aumento;
- pedir *feedback* ao chefe sobre seu desempenho;
- desenvolver estudos autodidáticos em temas relacionados à sua carreira;
- assinar uma revista técnica da sua área de atuação;
- participar de um grupo de debates on-line sobre sua profissão;
- iniciar uma especialização, mestrado ou doutorado;
- ingressar em um curso universitário;
- escrever um livro;
- procurar outra atividade que traga mais realização pessoal e menos estresse;
- tornar-se sócio em algum novo empreendimento;
- aumentar o círculo de conhecidos, expandir sua rede de contatos;
- equilibrar seu orçamento e sua conta bancária;
- reduzir custos, aumentar a receita;

- atualizar seu *curriculum vitae* e enviar para algumas empresas;
- contratar um *coach* ou um consultor de *marketing* pessoal;
- mudar a imagem.

É verdade que o dinheiro não é tudo mas, caso falte, poderá atrapalhar tudo. Além do mais, todos nós passamos um tempo imenso do nosso dia, cerca de 8 a 10 horas diárias, no mínimo, envolvidos com atividade profissional. É importante que ela traga realização, rendimentos e encha nossas vidas com sentido. Quais os seus propósitos nessa área?

_____
_____
_____
_____
_____

Há pessoas que concentram sua energia em apenas uma ou duas categorias de propósitos. Você deve conhecer pessoas que só pensam em suas carreiras e esquecem o lazer, os contatos sociais e os cuidados com o corpo. Outros, extremamente dependentes, vivem apenas para seus relacionamentos afetivos e desconsideram tudo mais. Há os neuróticos por manter a forma física, alguns chegando ao extremo de padecer de transtornos alimentares como a *anorexia nervosa*, que é a perda do apetite, com perigoso emagrecimento em níveis incompatíveis com a saúde. Há ainda a vigorexia, que é o excesso de exercícios físicos para aumento de massa muscular e definição corporal, muitas vezes com utilização de esteroides anabolizantes, movido por compulsão e por uma sensação de que nunca se está forte, sarado ou malhado o suficiente.

Ter propósitos em todas as categorias pode elevar os níveis de felicidade contemplando o ser em sua plenitude.

Observe que o mesmo propósito listado na categoria Profissional de uma pessoa pode estar, para outro indivíduo, em sua categoria relativa a Desenvolvimento Pessoal. Ou talvez um propósito possa ocupar duas categorias simultaneamente.

Quando pensei em escrever este livro, imaginava uma nova vertente profissional — tornar-me escritor — ao mesmo tempo em que queria dar alguma contribuição para pessoas desejosas de promover transformações em suas vidas. Outra pessoa que esteja enveredando pela estrada literária pode estar com outro tipo de propósito em mente, talvez de Desenvolvimento Pessoal, ou até fazê-lo por pura diversão.

Um propósito ainda não é obrigatoriamente um objetivo. Alguém pode querer aprender a tocar um instrumento. Isso é um propósito. Contudo, essa vontade orbita ainda ao redor da esfera do simples desejo. É apenas um começo. Em dado momento, define-se: "Quero tocar violino e ser um dos músicos profissionais integrantes da Orquestra

Sinfônica do Teatro Municipal." Estamos agora diante de um objetivo bem-formulado.

É sobre esse ponto que trataremos mais adiante.

Conceitos importantes: alguns pressupostos úteis da programação neurolinguística

O mais importante não é o fato, mas o que fazemos com o fato. Na verdade nós não reagimos ao que acontece, mas ao significado que damos àquilo que acontece. Uma pessoa pode se desesperar e chorar ao ser demitida. Outra, ao contrário, sorrirá feliz, pensando na liberdade que terá para desenvolver um negócio próprio a partir de agora. Alguém pode blasfemar ao viver a perda de um ente querido, outro sentirá a certeza do amor divino por perceber que a morte foi o melhor para aquele que partiu. Nossa dor e nossos momentos de felicidade venturosa estão muito mais relacionados às nossas interpretações da realidade do que à realidade em si.

Não há fracassos, apenas resultados. Tudo o que podemos obter na vida é sucesso ou aprendizado. Se não foi possível chegar aonde queríamos, em vez de nos abatermos podemos perguntar o que tiramos de aprendizado da situação. Assim sendo, na próxima investida, será possível agir de forma diferente. A vida nos dá *feedbacks* constantes, ininterruptos. Se formos mais atentos, por exemplo, perceberemos que uma doença é uma resposta para determinada ação, palavra ou pensamento que cultivamos. Mudando as causas, mudaremos os efeitos. Não há motivo para autoflagelo em virtude dos erros anteriores. O importante é aprender algo com eles e seguir adiante.

Todos os recursos já estão dentro de nós. Os seres humanos já possuem dentro de si todos os recursos de que necessitam para chegar aos seus sonhos. A busca de crescimento e evolução configura-se muito mais em permitir que o potencial aflore do que propriamente acrescentar algo. Podemos dizer que há um manancial imenso de poder, força, ânimo, coragem, amor, paz e energia dentro de cada um de nós, esperando o momento de se apresentar. Nossa mente e seu fantástico *hardware*, o cérebro, encontram-se disponíveis para nos ajudar nesse sentido. Quanto mais soubermos usar esse equipamento, mais nos lançaremos na direção dos nossos propósitos com possibilidades reais de êxito. Dalai Lama diz que, uma vez atendidas nossas necessidades básicas, "não precisamos de mais dinheiro, não precisamos de mais sucesso ou fama, não precisamos do corpo perfeito, nem mesmo do parceiro perfeito — agora mesmo, neste momento exato, dispomos da mente, que é todo o equipamento básico de que precisamos para alcançar a plena felicidade".

Dentro da pequena semente há o enorme carvalho.
Dentro do ser humano, ainda bebê, tão frágil,
há um gigante adormecido. Cada ser humano é,
verdadeiramente, uma promessa.

Reflexão
O homem e o abismo

Aquele homem olhava para o chão. Como tantos outros homens iguais a ele, também olhava para o chão e nem mais percebia como era o caminho, só sabia que em breve aquela estrada terminaria num penhasco e tudo finalmente teria fim.

Ouvia o ruído do cascalho nos seus pés descalços, sentia o vento a soprar seus cabelos, via o chão vermelho e árido e, curiosamente, tudo convidava a retornar e tentar mais uma vez. No entanto, a voz das suas decepções insistia em falar mais alto, a impressão de não significar nada para si mesmo o dominava e a visão de um final rápido o estimulava.

Aproximava-se do ponto onde o caminho se tornava precipício, e ali parou para pensar em coisas que havia escutado durante a vida. Lembrou de quando lhe disseram que viver era aprender, lembrou de quando lhe falaram que viver era ensinar, lembrou de quando lhe ensinaram a tentar de novo. Mas tudo isso parecia tão distante...

Parou perante o abismo afinal.

A um passo estava a possível liberdade, tudo seria muito rápido. Como mantinha os olhos voltados para baixo, percebeu seus pés sujos e o chão árido. Sua alma também estava árida e suja.

Gritou e blasfemou, e sua voz chegou às montanhas e retornaram. Era engraçado — o eco parecia ainda mais alto do que o brado inicial. E as blasfêmias e gritos continuaram retumbando por algum tempo. Gritou ainda mais — era como uma despedida sonora antes do salto planejado e desejado há tanto tempo.

Foi neste instante, enquanto as nuvens se abriam mostrando um sol dourado de fim de tarde, que uma brisa soprou um pouco mais forte e ele pôde ouvir uma voz que não era a sua. Não era o eco de seus impropérios, nem o sibilar do vento, nem seu eu autocrítico, muito menos o choro de sua autopiedade. Era alguém que se aproximava e o chamava de irmão.

Sentiu a mão quente de alguém a lhe tocar o ombro e teve coragem para erguer os olhos pela primeira vez depois de tanto tempo. Um ser cujo olhar reunia o mistério dos seres encantados, cuja boca tinha o mel dos sorrisos infantis e cujo tom de voz reproduzia a confiança dos sábios estava parado ali, a seu lado. Parecia não temer o abismo e não mostrava nenhuma força ou interesse capaz de impedi-lo de fazer o que pretendia. Simplesmente estava ali a seu lado.

Teve coragem então para dizer:

— Estou no fim da linha, já basta o que passei.

Esperou alguns instantes antes de ouvir uma voz que parecia reverberar dentro de sua própria mente. E foi assim que o ser estranho falou:

— Sei como se sente. A mais dura das experiências é a de caminhar sozinho e com só uma alternativa. Que tal olhar para as montanhas? Veja como são silenciosas... solitárias também. Mas bastou que você lançasse seus gritos para que gritassem de volta. Olhe para elas. O que será que gritariam se fosse outro o seu brado? Experimente gritar *amor*.

O homem hesitou ante a proposta. Será que conseguiria gritar uma palavra tão sublime?

Ainda que a dúvida fosse amarra poderosa, ele gritou. A princípio com a voz baixa dos inseguros, gritou *amor* uma vez mais, já com um pouco mais de força, força que surgia do próprio esforço em gritar. Gritou *amor* ainda mais uma vez, agora a plenos pulmões, e pôde sentir-se abraçado pelo eco de amor que retornava.

O ser então disse:

— Você tem a energia dos gigantes, fez as montanhas falarem! O que acontecerá quando gritar a palavra *paz*?

Dessa vez foi mais fácil, pois já possuía a força do amor. Gritou:

— Paz! — e as montanhas berraram em resposta, logo a seguir.

Com os recursos do amor e da paz, não foi difícil atender ao próximo convite, quando o ser lhe pediu que gritasse *esperança*.

E assim ele fez. E a tarde ouviu o eco abençoado se espalhando por toda parte.

Ele já olhava para o alto, respirava mais profundamente, sentia o amor, a paz e a esperança penetrando-lhe a alma. O abismo a seus pés já não interessava tanto aos seus olhos quanto o céu abençoado por alvas nuvens e pássaros ligeiros.

Viu que o ser sorria, e seu sorriso era de pura compreensão.

O homem perguntou:

— E o que faço com meus erros?

— Abrace-os.

— E o que faço com meus medos? — perguntou de novo.

— Abrace-os — foi a resposta.

Mais uma vez, inquiriu:

— E minhas dúvidas, infelicidades, fracassos e desacertos?

— Abrace-os — afirmou novamente. — Abrace tudo o que, de alguma forma, teve importância para o seu crescimento. E se o aprendizado foi bem-realizado, nada disso precisará permanecer. O caminho agora é feliz. O sofrimento é um mensageiro desagradável que traz uma encomenda importante. Receba a encomenda e diga adeus ao mensageiro. Mas diga adeus com cortesia e gratidão.

O homem respirou fundo mais uma vez e indagou:

— E onde foi que você aprendeu tantas coisas?

O ser estranho, com a calma dos que sabem esperar, simplesmente, disse:

— Aprendi tudo isso quando o amor desceu à Terra.

Agora era o momento de retornar. O homem deu meia-volta e viu o que antes lhe era invisível. Viu que o chão não era tão seco assim. Do cascalho árido saíam arbustos cheios de flores e árvores carregadas de fruto. A estrada, no retorno, seria mais feliz.

Olhou para o estranho e disse:

— O que farei quando quiser mais uma vez me lançar no abismo? Como encontrarei você de novo para me salvar?

O estranho apenas lhe sorriu e, magicamente, transformou-se em luz, que foi entrando em seu peito bem devagar.

Capítulo 5

A construção de um sonho — ser arquiteto da própria felicidade

Recado do cachorro

Em certa ocasião estava na mata com muita sede. Havia me perdido do meu dono e há alguns dias não conseguia nada para comer ou beber.

De repente, surgiu à minha frente um lindo lago. Era a primeira vez que eu via um lago. Antes eu sempre tivera água limpa numa tigela que meu dono enchia e me oferecia. Instintivamente, fui correndo até a margem para saciar a sede e vi minha própria imagem espelhada na água. Tomei um grande susto e, apavorado, saí correndo e latindo, entocando-me num arbusto.

A sede, no entanto, era tão grande que fui outra vez, bem cauteloso, até o lago. Mas chegando lá, de novo assombrei-me com meu próprio reflexo e voltei correndo para a mata. Repeti esse movimento algumas vezes. Até que, cansado e muito sedento, em dado momento, enfrentei o medo, encarando minha imagem, e em seguida lancei a cara na água. O reflexo se desfez e bebi à vontade.

Mais tarde, saciado, pensei: "Que grande aprendizado! A partir de agora, sempre que eu quiser algo de verdade, mesmo que haja medo, vou meter a cara. Agir espanta o medo."

TALVEZ POR TER trabalhado como arquiteto — essa foi a minha formação acadêmica —, acho pertinente a metáfora de construir um sonho como quem constrói uma edificação.

Lembro-me de como era difícil ajudar um cliente quando ele não sabia exatamente o que queria. Era trabalhoso demais. Pior ainda: quando o cliente não queria o projeto. Isso era bastante comum quando eu era chamado por um casal em conflito sobre a obra. A esposa desejava a reforma e o marido não estava nem um pouco interessado, ou vice-versa.

Uma sequência a se considerar:

> Desejar
> Querer
> Planejar
> Agir
> Ter.

Antes do projeto: desejo ou intenção?

> "Se você pode sonhar, você pode fazer."
>
> Walt Disney

Tudo começa com um desejo. Uma vontade ou uma intenção que se transformará num propósito, como querem alguns.

Já ouvi de algumas pessoas que é preferível nada desejar, porque assim é possível evitar a frustração de não conseguir. De fato, não haverá frustração por não se obter algo. Por outro lado, também não existirá um importante combustível de grandes realizações.

O desejo já foi visto como um vilão. Verdadeiramente, se não for bem-administrado, poderá transformar-se em ganância devoradora.

Dizem que um sábio vivia como mendigo na rua.

Passou por ele o rei em sua carruagem, com alguns conselheiros. O monarca, que era muito orgulhoso, olhando para aquele idoso vestido em farrapos, disse:

— Meu bom homem, gostaria de ajudá-lo. O que posso lhe oferecer?

— Vossa Majestade não pode me ajudar — respondeu o sábio, com altivez.

— Como? Claro que posso — redarguiu o rei, intrigado, saindo da carruagem. — O que poderia um homem como você desejar que eu não pudesse satisfazer?

— Então, peço que Vossa Majestade encha minha cumbuca com moedas.

— Ah! Isso é muito simples — e pediu que um de seus servos colocasse moedas dentro da cumbuca do sábio até que ela estivesse cheia.

Curiosamente, na medida em que as moedas entravam no pequeno recipiente, elas iam desaparecendo. O servo derramava moedas e mais moedas e nunca a cumbuca ficava repleta.

— Vossa Majestade, parece que a cumbuca do mendigo não tem fundo! As moedas desaparecem ao entrar! — gritou desesperado o servo.

— Não é possível! Não aceito perder um desafio para um mendigo. Tragam várias sacas de moedas de ouro e prata. Eu ordeno que essa cumbuca se encha! Vamos!

E assim foi feito. Entretanto, horas depois, o rei ainda via seus servos a derramar tesouros na vasilha sem que ela se enchesse. Por fim, desapontado, o rei admitiu seu fracasso.

— Desisto! Você venceu! Poderei despejar todos os meus bens aí dentro e ainda assim essa realidade não mudará. Diga-me, velho, de que é feita essa cumbuca?

— Ah, Majestade, essa cumbuca é feita de um material especial. Chama-se desejo humano.

A metáfora de que tratamos aqui nos mostra o desejo potencializado em sua dimensão negativa, ou seja, a da eterna insatisfação. Quando isso se mostra na vida de alguém, é provável que se verifique grande ansiedade, além de uma corriqueira falta de felicidade. Afinal, a felicidade pode ser definida como saborear o tempo presente da forma como ele é, querer e amar aquilo que já se vive, o que se tem e o que se é.

De modo oposto, em sua dimensão positiva, o desejo traz a intenção de se abrir à chegada do novo. É o elo entre o existente e o não existente, e assim abre portas para a transformação; é o desejo que brinda a vida com o dinamismo.

Napoleon Hill, o grande pioneiro da pesquisa sistemática do sucesso, que durante 20 anos estudou as vidas de grandes homens que triunfaram, costumava dizer que "Aquilo que a mente humana tem poder para desejar, também tem poder para alcançar".

Às vezes o desejo pode surgir de uma forma muito inusitada.

Lembro-me do caso de Liana Müller Borges. No bairro do Morumbi, zona nobre de São Paulo, a paisagista paulistana de 60 anos de idade teve a casa invadida por cinco homens encapuzados. Depois de entregar dinheiro e objetos de valor aos bandidos, foi levada para a favela do Jardim Panorama, onde ficou em cativeiro durante algumas horas.

Muitas coisas passaram por sua mente e por seu coração durante o sequestro. Angústia e medo queriam dominá-la. Todavia, enquanto estava ali no barraco, viu através de uma fresta da janela, crianças descalças brincando em meio ao lixo e à podridão de um córrego de esgoto. Sempre se perguntara acerca do que poderia fazer para ajudar pessoas necessitadas e, em meio ao caos de emoções que sentia, veio um desejo: mudar um pouco a realidade daquelas pessoas.

Comparou, sensibilizada, a sorte daquelas crianças com a dos seus cinco filhos que tiveram a chance de crescer com educação e condições saudáveis.

A polícia chegou com helicópteros e os bandidos fugiram. Três deles foram baleados e mortos pelos guardas; os outros, foram capturados.

Liana viveu momentos difíceis e foi submetida a um estresse absolutamente traumatizante. Teria motivos de sobra para querer nunca mais se aproximar de uma favela. Justificando-se com o trauma sofrido, poderia até mesmo desencantar-se com as pessoas e com a dura realidade brasileira, na qual os habitantes das grandes cidades estão sujeitos a uma violência que cresce a cada dia.

Contrariando tais expectativas, dias depois do sequestro, ela retornou à favela e começou a conversar com os moradores. Aquelas horas em que foi refém haviam transformado sua vida, implantando-lhe um desejo. Ela queria mudar a realidade daquelas pessoas.

Fez reuniões com a comunidade para descobrir o que era mais importante mudar ali. Desses primeiros encontros, combinando sua disposição e generosidade com o entusiasmo dos moradores, inaugurou-se um ano depois a primeira obra: uma creche-escola, na qual a própria Liana passou a trabalhar como voluntária.

Esse foi o primeiro sucesso da Associação Criança Brasil, que veio a se formar mais tarde por meio de parcerias da instituição nascente com a prefeitura e instituições privadas, e que hoje oferece educação, refeições e cursos profissionalizantes à favela. Liana deixou seu trabalho como paisagista e hoje cuida da presidência da instituição, divulgando o trabalho e captando recursos para a manutenção da obra.

Nunca poderemos precisar qual a monta dos benefícios que aquele desejo, formulado num momento tão cheio de sofrimento, pode ter gerado e continuará a gerar.

Há algo também que gosto de salientar sempre que falo em desejar. O sabor não se resume apenas ao momento de alcançar. Há que se ter consciência do sabor de cada passo da jornada.

Infeliz daquele que estabelece um preço ou um prazo para ser feliz:

- "Quando conseguir meu novo emprego...",
- "Quando me casar...",
- "Quando tiver meu primeiro filho...",
- "Quando comprar a casa nova...",
- "Quando me curar dessa doença...",
- "Quando resolver tal problema...".

É ingrato todo aquele que esquecer de todas as bênçãos que já obteve. De todos os tesouros que já estão próximos.

Em minha canção *O bom da viagem* falo sobre isso:

O bom da viagem é a estrada
O bom da viagem é caminhar
O bom da viagem é a andança
Viver cada passo que se dá.

Quem nada deseja, desperdiça um dom oferecido por Deus. Mas quem somente deseja, constrói castelos nas nuvens e se acostuma a viver de fantasias.

Outro aspecto interessante sobre o desejo: em muitos momentos ele é instintivo, visceral e totalmente desvinculado de valores conscientemente abraçados.

Imagine uma pessoa que é pacata, gentil, respeitosa com os outros, mas em dada circunstância, numa discussão por exemplo, ao ser contrariada por alguém, sente o desejo de pular no pescoço do seu interlocutor. Essa mesma pessoa "do bem" pode virar um monstro em ocasiões de *stress* no trabalho. No trânsito, por exemplo, pode ter o desejo de dar uns socos no camarada que lhe deu uma fechada. Há desejos libidinosos que podem surgir num homem ao ver alguém muito sexy numa festa, embora seja casado, ame sua esposa, e tenha jurado manter a monogamia. Há desejos de comprar compulsivamente, de fumar desbragadamente, de roubar, de ferir e até de matar.

Não podemos dizer, portanto, que todo desejo precisa ser transformado em realidade concreta. Somos capazes de escolher o que queremos e o que não queremos apesar dos desejos que sentimos.

Querer de verdade — dar, mentalmente, um passo à frente

Quando o desejo é percebido conscientemente e selecionado, pois se alinha com os valores que você tem, quando ele vai além de uma simples fantasia, quando diz respeito a objetivos que quer concretizar, pode-se partir para a instância do querer.

Há quem fique somente no desejo. Isso é lamentável. Mentalmente, conjuga os verbos apenas no futuro do pretérito: "Seria tão bom se...", "Como eu gostaria de...".

O início do projeto de construção de um sonho é saber querer. Colocar a mente na direção de um foco. Ter consciência do que se busca de verdade. É comum dizermos, de alguém que está parado no tempo, que se trata de uma *pessoa que não quer nada na vida*.

Definir um propósito para que ele se torne um objetivo é um ponto fundamental de um processo de transformação.

Há uma expressão corriqueira em arquitetura: definir o programa da construção. Tratando-se do projeto de uma residência, buscamos responder às seguintes questões: Quantos aposentos? A que se destina cada um deles? Quantos metros quadrados para cada? Como será o *partido*, o estilo da construção? Essas definições ajudam a conceber na mente aquilo que será feito em tijolos, concreto, madeira e aço mais tarde.

Acerca desse ponto — saber querer — teremos no capítulo 6 uma série de orientações bastante significativas. Trata-se de organizar passos para uma *boa formulação de objetivos*. Esse é um ponto crucial, pois há uma grande confusão entre desejar e querer.

Um dia eu me determinei a mudar minha vida.

Havia conhecido a PNL e me sentia encantado com suas técnicas, conceitos e recursos. Fiz a formação em São Paulo e, na volta para a minha bela cidade do Salvador, olhando a paisagem pela janela do avião, me senti muito emocionado.

Disse para mim mesmo: "Não acho justo que essas informações tão importantes, tão transformadoras, estejam longe das pessoas da minha terra." Achei que era parte da minha missão compartilhar com meus conterrâneos o que havia aprendido, evitando que outras pessoas tivessem que viajar para tão longe se quisessem conhecer essa ferramenta para auxiliá-los a transformar suas vidas.

Naquele mesmo instante o desejo começou a transformar-se em querer e elaborei, num guardanapo cedido pela aeromoça, meu primeiro curso. Começaria a associar as técnicas e conceitos da PNL com outros conhecimentos que já possuía e iniciaria um treinamento de 60 horas. Pensei nas estratégias de promoção e na viabilidade comercial, já que estava decidido a deixar de lado uma profissão que amava e que me dava meu sustento. Deixaria de ser arquiteto de casas e prédios. Queria ser arquiteto de gente.

Hoje, enquanto escrevo este livro, sinto enorme gratidão ao Kau sonhador do passado, que naquele instante foi corajoso o suficiente para arriscar muita coisa, confiando num desejo, e transformando-o num querer.

Querer implica, portanto, assumir riscos. Para tudo na vida há riscos. E é claro que ficar parado também já é arriscar.

Quando decidi mudar minha vida isso não significava pular do trampolim numa piscina cuja profundidade eu desconhecia.

Sempre tive segurança acerca da minha habilidade de falar em público. Já havia feito trabalhos dessa ordem que foram bem-recebidos. Não estava enveredando por uma mata às escuras, portanto. Outro aspecto importante: não deixei de lado súbita e totalmente minha atividade anterior. Mantive em paralelo, por alguns anos, meus trabalhos como arquiteto, designer e artista plástico, que me deram suporte material suficiente para caminhar com firmeza enquanto a nova carreira ainda estava em sua infância.

Correr riscos é valioso, perfeitamente. Sobretudo quando sabemos agir de forma estratégica. Ou seja, quando são riscos calculados.

É conhecido o caso da Merck, grande multinacional da área farmacêutica, que colocou em risco milhões de dólares num projeto que, aparentemente, parecia investimento a fundo perdido. Começou a desenvolver um medicamento que poderia combater a chamada *cegueira do rio*, doença que se manifesta em pessoas de idade madura, anos depois de contraí-la a partir da picada de um inseto. O Mectizan, de fato, mostrou-se eficaz no combate à doença, mas tratava-se de um medicamento órfão, ou seja, um remédio que não tem quem pague por ele nem quem invista nele. Os doentes que dele necessitam são pessoas pobres de milhares de aldeias africanas, para quem envelhecer frequentemente acaba sendo sinônimo de ficar cego.

A Merck não contou inicialmente com a ajuda de órgãos internacionais e precisou investir muito tempo e dinheiro para a criação do remédio, sua produção, sua dificílima distribuição, em recantos isolados no meio de florestas tropicais, e até para a resolução de problemas de natureza diplomática. Os líderes políticos dos países que necessitavam do Mectizan estranharam o fato de uma empresa interessar-se em doar tanto sem querer nada em troca.

O diretor-presidente da companhia à época, Roy Vagellos, esteve diante de um grande risco. Aceitar o desafio de investir tanto num ideal humanitário significava assustar seus acionistas, por escoar divisas da empresa sem visar lucro. Contudo, apesar de receber duras críticas que o apontavam inclusive como *administrativamente irresponsável*, Vagellos afirmou que "A empresa deveria estar a serviço da vida, e não dos lucros". Continuou arriscando e fazendo de forma calculada aquilo que achava correto.

Por fim, após duas décadas desde o início das pesquisas no início dos anos de 1980, numa época em que responsabilidade social não era algo tão enfatizado como fator de propaganda institucional, a Merck acumulou uma série de benefícios, tais como prêmios e títulos, como a de Empresa Amiga da Humanidade. Com a divulgação do projeto Mectizan e a propaganda indireta da empresa — que inclusive eu estou fazendo aqui, gratuitamente — houve um grande aumento de acionistas interessados e do valor das ações, com consequente crescimento dos lucros. Mais importante do que isso: iniciou-se uma espécie de *corrente do bem*, uma vez que o apoio internacional começou a acontecer, e outras companhias da área farmacêutica não quiseram ficar atrás, passando a desenvolver grandes projetos semelhantes.

Houve um desejo e um querer verdadeiro, que era a erradicação da cegueira do rio.

Não é muito fácil conter o poder de um querer sincero e bem-definido.

O PROJETO EM SI — PLANEJANDO O PASSO A PASSO

Será que você é bom em matemática? Responda, então, rapidamente: 58 sapinhos se encontravam às margens de uma lagoa. Quatro deles decidiram pular na água. Quantos ficaram do lado de fora? Quantos?

Bem, se você respondeu 54, errou...

Lembre-se de que os quatro sapinhos apenas *decidiram* pular na água. Quem foi que disse que pularam, de verdade? Os 58 ficaram do lado de fora.

O planejamento é o elo entre a construção subjetiva e a objetiva.

Desejar e *querer* fazem parte de uma elaboração ainda subjetiva, e querer é um poder ainda começando. Quando colocamos alinhados os diversos passos para se chegar a um objetivo, quando definimos qual será o encadeamento das ações, abrimos um portal para a sua realização. É o momento de criar o projeto da obra, de ver a construção virtualmente pronta e ter um cronograma com as diversas fases para vê-lo concretizado.

Quando decidi que mudaria de vida naquela tarde especial, desci do avião cheio de ideias, de quereres, mas ainda não havia um plano.

Encontrei uma pessoa suficientemente sonhadora, ao mesmo tempo bastante prática, que me ajudou a planejar as ações. Eu era casado àquela época com uma mulher muito especial que também tinha grande força de vontade e juntamos energias complementares para a realização do sonho de criar o curso. Eu era muito cabeça nas nuvens; ela era bem pé no chão.

Estavam ali reunidos, portanto, duas excelentes matérias-primas para a construção do sonho. É com um pé no espaço e o outro firmemente plantado no solo que se consegue andar para a frente. O planejamento pressupõe a capacidade de dividir o objetivo em subobjetivos.

> "Transporta um punhado de terra todos os dias e farás uma montanha."
> Confúcio

Longo, médio e curto prazos começam a se delinear na organização do que é importante fazer.

É claro que receberemos *feedback* da vida e essas informações nos darão a certeza de que o planejamento está adequado. Se não estiver, podemos alterá-lo. Um planejamento tem a função de orientar nossos passos e não de nos escravizar a um cronograma rigidamente concebido, ou a um número X de etapas, de forma imutável.

O que pretendo obter nesse aspecto daqui a 5 anos? E daqui a 3 anos? E daqui a 3 meses? Quais as decisões e ações que preciso tomar imediatamente?

Com quem posso contar? Quem pode se associar a mim para que tudo dê certo? Há uma sequência lógica de passos para que eu chegue a esse objetivo, como, por exemplo, uma formação técnica ou alguns cursos para me aprimorar? Qual o tempo requerido para isso? Qual a soma que preciso acumular para fazer o que quero? Em quanto tempo? Quanto será poupado a cada mês?

Alguns objetivos demandam ações durante um prazo muito mais longo do que outros.

E é também valioso lembrar que há planejamentos de objetivos diferentes que vamos fazendo simultaneamente.

AGIR — LANÇAR ENERGIA NO PASSO MAIS PRÓXIMO

"Nossa, Sr. Graham Bell, que coisa mais arcaica o seu invento! Deveria ter criado um telefone sem fio logo de início! Deveria ter feito um fone móvel!"

Absurda essa crítica ao grande inventor do telefone, não? Contudo, observe se você em alguns momentos não está agindo exatamente assim. E consigo mesmo!

Um dos mecanismos que mais boicotam a ação chama-se: perfeccionismo. Por conta de querer fazer algo de uma forma perfeita, irrepreensível, espera-se muito para iniciar as ações. Ou até mesmo deixa-se de agir. "Prefiro não fazer se for para fazer de forma imperfeita." Quem pensa assim acaba parando no tempo.

Já houve, no passado, quem considerasse perfeccionismo uma virtude. Hoje, no entanto, nota-se que a grande vantagem de ser perfeccionista é morrer cedo. Se é que podemos considerar isso uma vantagem...

Não estamos aqui incentivando a falta de atenção ao que se faz. É importantíssimo buscar excelência em tudo. O que questiono é essa tendência obsessiva que muitos têm de obter perfeição, o que os impede até mesmo alguma ação efetiva. Surge uma espécie de medo que os paralisa. E por não experimentarem, por não tentarem, não erram. Mas igualmente nada aprendem e nada realizam.

Em muitos instantes vale mais fazer algo que não esteja fantasticamente bom do que ficar parado. Há um grande poder nas mãos de quem age, de quem assume o agora como o melhor momento.

Teria sido melhor deixar de fumar há 10 anos. O segundo melhor momento é agora.

Teria sido melhor plantar árvores e reflorestar a Mata Atlântica há 30 anos. O segundo melhor momento é agora.

Teria sido melhor entrar naquele curso universitário há 5 anos. O segundo melhor momento é agora.

Se não foi possível agir antes, aproveite o segundo melhor momento!

Pessoas de sucesso não costumam protelar tanto. Aproveitam o impulso do momento inicial, em que se sentem agitadas pelo sonho. Aí reside uma grande força. Ao deixar para depois, a motivação vai caindo e pode chegar aquela sensação de *deixa para lá*, que traz acomodação.

O grande navegador solitário Amyr Klink disse que na sua viagem à Antártida começou a ouvir um ruído diferente vindo da água. "Pareciam chineses fritando pastéis", relatou. Na verdade, eram cristais de água doce se formando quando entravam em contato com a água salgada no frio extremo. Era muito belo o efeito visual e imediatamente teve o impulso de fotografar, como fazia com cada experiência diferente que vivia em suas viagens. Pensou, então: "Calma, você terá muito tempo para isso..." No restante da viagem, durante os 367 dias que se seguiram, para sua tristeza, nunca mais voltou a presenciar o fenômeno.

Aproveitar as oportunidades, usar o poder do momento presente, abraçar a possibilidade que a vida está colocando à sua frente. Respeitar o agora.

Há algo que assusta muito as pessoas: o medo de que algo poderá começar e, não estando perfeito, durará pouco. Seja num relacionamento ou num empreendimento, o medo de que não seja eterno pode ser um terrível inimigo da excelência.

Começamos muitas coisas. Algumas delas durarão. Outras, nem tanto. Aprenderemos com todas, entretanto. É importante fazer. Agir. Sempre haverá um tesouro a se extrair de cada experiência.

Um texto soberbo de Rubem Alves nos fala da pipoca. Segundo o autor, a tradição religiosa africana considera o milho da pipoca uma metáfora para a transformação na vida humana. Por isso é uma comida cheia de significado especial e, assim sendo, muito usada em rituais do candomblé.

O milho pequeno e duro, que nunca competiria com o milho normal, ao ser submetido ao calor, vira uma flor branca, perfumada e macia, que pode ser comida com prazer. Trata-se de um processo de ressurreição no qual se deixa de ser de um jeito para ser de outro. E o que acontece com aquele grão que não arrisca aproveitar o poder do fogo, que ignora a oportunidade que a vida está lhe oferecendo? Torna-se um "piruá", um milho que não virou pipoca. Ninguém chora por ele. Ninguém o devolve uma segunda vez ao poder do fogo. Ele é atirado fora. Teve sua chance e a desprezou.

Agir é colocar energia no passo mais próximo e fazer acontecer.

Se alguém diz "Quero mudar de profissão", por exemplo, qual o passo mais próximo? Pode ser estudar para fazer um concurso, conversar com alguém da área almejada, pesquisar as empresas que podem oferecer essa oportunidade ou atualizar seu currículo.

Quero sentir maior paz interior. Qual o meu passo mais próximo? Ler acerca de assuntos espirituais, dentro ou fora da minha religião. Frequentar um centro espírita, uma igreja, um templo budista ou outro qualquer. Dedicar-me imediatamente e com regularidade maior a tudo o que diz respeito à oração e meditação.

Quero ter um corpo mais saudável. Qual meu passo mais próximo? Marcar uma consulta com um médico e programar exames. Optar por legumes e carnes magras em meu almoço de hoje. Colocar no papel imediatamente meu programa de exercícios físicos.

Em outras palavras, sejam quais forem seus sonhos, comece algo em relação a eles. Já!

Seu *eu futuro* agradece.

PERMITINDO-SE TER: SENTIR-SE GRATO PELO QUE JÁ CHEGOU E MERECEDOR DO QUE CHEGARÁ

É muito comum ouvir histórias de pessoas que fizeram tudo o que podiam para chegar a um sonho e, prestes a alcançar essa realização, veem tudo se perder como areia escoando entre os dedos.

Quero falar, aqui, sobre dois grandes pontos que considero fundamentais para a efetivação de uma mudança ou a chegada a um sonho. São eles: gratidão e sensação de merecimento.

Sentir-se grato por tudo o que chegou, ser capaz de vibrar com cada conquista, saborear os tesouros que já fazem parte de nossas vidas. Isso é maravilhosamente animador. Embora se saiba que ainda há inúmeras questões a resolver, viver um estado de contentamento com o momento presente.

Um grande amigo, que se encontra tetraplégico após receber um tiro no pescoço, sempre me dá preciosas lições a cada visita que lhe faço. Mesmo estando numa cama há um ano e padecendo de vez em quando de certa tristeza, é capaz de perceber o prazer de uma boa leitura, de uma conversa agradável, de ver um bom filme com os amigos. Valoriza o fato de ter recobrado a voz de forma perfeita, contrariando o prognóstico sombrio dado pelos médicos anteriormente. Comemora os avanços em seus movimentos da mão direita, que já permitem manusear o *notebook* e navegar pela internet. Mantém sua conexão com seus sonhos. Quer ajudar pessoas que também se encontram com alguma deficiência com textos que pretende criar e postar num blog; já combinamos brindar esse momento com um bom vinho.

Ter consciência dos aspectos que queremos transformar, portanto, não deve nos distanciar da gratidão a tudo o que já temos de bom.

Há outra pessoa que, mesmo não tendo contato direto comigo, ensinou-me coisas lindas sobre a vida.

Trata-se de Eliana Zagui. Ela é artista plástica e poeta. Encantada com a vida, mostra em suas pinturas paisagens, flores e animais em cores vibrantes. De vez em quando faz exposições de seus trabalhos. O que mais me impressiona nessa pessoa é o fato de residir há mais de 30 anos num hospital e fazer suas pinturas com a boca. Sim, ela não tem as mesmas facilidades de movimentação que a maioria de nós.

Eliana teve paralisia infantil aos dois anos de idade e perdeu completamente os movimentos dos braços e pernas, além de ter que usar um aparelho para poder respirar. Em seu site, ela agradece a Deus pelos amigos que tem, pelos profissionais do hospital e pelos internautas que lhe escrevem com frequência. Sobretudo, agradece pela saúde que tem.

É comovente olhar suas fotos, nas quais demonstra grande alegria em sua primeira visita a uma praia ou em seu primeiro banho de piscina. Nessas imagens, sempre acompanhada dos aparatos tecnológicos que lhe possibilitam viver, de enfermeiros e médicos, ela vibra e se encanta com cada momento. Cada instante tem sabor, tem valor, tem significado.

Sentir gratidão pela vida é um ponto de partida.

Há uma metáfora que ouvi há muito tempo e que fala sobre um pescador que adorava sair com seu barco durante a noite.

Em certa ocasião ele percebeu que não havia lua ou estrelas; a noite estava muito escura e a neblina, bastante densa. Sem vento que dissipasse a névoa ou que permitisse hastear as velas de seu barco, o pescador desconfiou que não haveria condições de pescar.

Ao perceber isso, pôs-se a perambular pela praia, quando tropeçou em algo. Era um saco cheio de pedras, que ele carregou consigo até o alto de um rochedo. Enquanto meditava, colocava a mão no saco e pegava uma pedra, lançando ao mar. Assim ficou para poder passar o tempo.

A madrugada foi embora e os primeiros raios de sol começaram a surgir. O pescador então pegou a última pedra do saco e já ia lançando ao mar quando, por curiosidade, resolveu olhá-la. Sem a neblina e com a luz do dia nascente ele pôde, com grande espanto, perceber que se tratava de um grande diamante bruto. Deveria valer uma fortuna. Sentiu-se dividido entre duas emoções bem contrárias: a primeira era a de lamentar o fato de ter passado a noite toda jogando diamantes ao mar; a segunda, a de felicitar-se e comemorar o fato de ter nas mãos um verdadeiro tesouro.

Sempre temos tesouros nas mãos e é muito bom notar isso. Só assim é que poderemos explorá-los.

A sensação de merecimento, segundo aspecto que destaquei no início deste texto, está fortemente relacionada à autoestima.

Quantas vezes se diz: "É bom demais para ser verdade" ou "Isso é muita areia para meu caminhãozinho". Já ouvi também "Se melhorar, estraga", o que sugere a improbabilidade de se avançar para patamares mais altos de felicidade. Ou ainda: "Estou ótimo; não vou melhorar para não causar inveja." Lembro-me também de uma crença que já encontrei em vários círculos de religiões diversas e que, provavelmente, tem a ver com culpa originada de distorções no entendimento de textos sagrados. Algo como: "Enquanto houver um irmão meu sofrendo neste mundo, não poderei ser feliz."

Todas são expressões que diminuem as possibilidades de crescimento e limitam os patamares de satisfação.

Sofrimento e felicidade são contagiosos. Expandem-se. Se estivermos felizes, ou melhor, se formos felizes, estimularemos felicidade à nossa volta.

Aquele que se ama busca horizontes maiores. Tem ambições bem-administradas e, ao tempo em que sabe valorizar o que já chegou, sente-se impulsionado a obter da vida novas conquistas em diversos âmbitos.

> Que eu possa dizer com toda convicção:
> Eu me amo e sou correspondido.

Reflexão

O menino no canto da sala

No canto da sala chora um menino.
E por que não lhe abriram a janela
por onde poderia ver o sol com a luz dourada
de que tanto carecia?
Ah, porque ela também poderia queimá-lo
e fazê-lo infeliz.
No entanto, indicaram botões
que acendem e apagam lâmpadas frias,
amarelas e feiticeiras,
que encantam, acomodam e consolam.
E agora ele chora infeliz, seu choro tímido e feio.

No canto da sala soluça um menino.
E por que razão não lhe mostram a porta
que se abre para o jardim
com papoulas, crisântemos e rosas tão perfumadas?
Ah, por causa das ervas daninhas e dos espinhos.
Já pensou se o menino viesse a gostar justamente
[deles?
Acabaria ferido.
Todavia, deixaram que ele limpasse a poeira
das flores de plástico do vaso sobre a mesa
que permanecem mudas e bobas
a fingir que tem viço e perfume.
E agora ele soluça ferido seu soluço tímido e feio.

No canto da sala agora grita um menino.
E ainda não lhe mostraram outros caminhos
onde poderia trilhar jornadas de coragem, de feliz
[aventura,
de quedas e escaladas?
Ah! Porque tantos mundos poderiam confundi-lo
e fazer dele um perdido.
Mas apontaram uma estrada bem certa, pavimentada,
[retilínea,
que faz qualquer um correr com tranquilidade e com
[segurança
para lugar nenhum.
E agora ele grita perdido seu grito tímido e feio.

Reflita: Você já pode abrir a janela para seu menino olhar o jardim? Que tal também abrir-lhe a porta? E melhor: quem sabe já é chegado o momento de apresentar-lhe novos caminhos?

Você ama essa criança que está no canto de sua sala interior?

Você pode fazer algo por ela agora. Transforme-se.

Capítulo 6

Saber querer

Recado do vento

Sou o vento e passeava muitas vezes sobre o rio. Percebi que ele tinha um sonho: transformar o deserto numa linda floresta verdejante. Com esse intuito, procedia sempre da mesma forma, lançando-se sobre as areias do deserto. Entretanto, via suas águas sendo sugadas para as entranhas da terra e desaparecerem, sem qualquer resultado. Por séculos o rio fez a mesma coisa, dia após dia. Mas seu sonho nunca se realizava. O deserto continuava sendo um deserto.

Então resolvi soprar-lhe uma mensagem: "Amigo rio, que tal jogar suas águas sobre minhas costas? Assim eu as espalharei de maneira uniforme sobre o deserto. Também tenho o mesmo sonho que você. Quem sabe assim as coisas mudarão?" O rio achou minha ideia muito estranha, e resolveu não me dar qualquer atenção. Continuou agindo da mesma forma.

Mais alguns séculos se passaram e o deserto continuava sendo árido e sem vida.

Soprei-lhe então, amigavelmente, mais uma vez o mesmo convite. Dessa vez, cansado de agir da mesma velha maneira e de nunca obter o resultado desejado, o rio resolveu aceitar minha sugestão e colocou suas águas nas minhas costas. Assim, eu as carreguei para bem alto e as derramei sob a forma de chuva, de maneira uniforme, em toda a extensão do deserto. Em poucos anos surgiu ali, densa e bela, uma linda floresta.

MUITAS VEZES CONFUNDIMOS perseverança com teimosia. Queremos algo e nos empenhamos para alcançar nosso objetivo, mesmo após inúmeros insucessos. No entanto, procedemos sempre de modo idêntico. O teimoso opera da mesma maneira e quer obter resultados diferentes. O perseverante busca novas estratégias, avalia, flexibiliza as ações, até que possa encontrar uma saída.

Este livro fala muito sobre alcançar resultados, buscar sonhos e proceder transformações para chegar ao sucesso. Todavia, é bom lembrar que ninguém precisa de sonhos gigantescos para ser feliz. Lembre sempre: é importante sentir-se grato pelo que já chegou e merecedor do que chegará. Talvez seja essa a fórmula mais perfeita para se viver em estado de contentamento.

Há um caso muito bom que mostra a felicidade através da simplicidade. José Pereira veio de Portugal por volta do ano de 1958, temendo ter que servir ao exército nos conflitos em que seu país estava envolvido à época. Conseguiu um emprego na tradicional confeitaria Colombo, no centro do Rio de Janeiro. Começou como atendente e hoje é gerente de salão. José tem 65 anos de idade e se orgulha de ser o funcionário mais antigo da casa. Casou-se com uma funcionária da confeitaria. Chega ao estabelecimento às 7h e sai às 20h30, diariamente. Sua vida girou sempre em torno de seu trabalho e costuma dizer: "A Colombo é tudo para mim." Quem o conhece pode confirmar: José é um homem feliz.

Não é preciso ser alguém que construiu um império empresarial ou uma obra social que atende milhares de pessoas para se alcançar um estado de felicidade. Cada um tem seu "nirvana pessoal", por funcionar de forma diferente.

O mais importante é saber quando se deseja buscar um processo de transformação e reconhecer que existe um *estado atual* e um *estado desejado*.

O problema é justamente a distância entre um e outro. Se o que eu vivo — estado atual — for igual ao que quero viver — estado desejado —, não há problema. Encontro-me pleno nesse aspecto e não há porque buscar mudanças. Entretanto, se o que experimento em qualquer contexto for diferente daquilo que pretendo viver, estado atual e estado desejado são evidentemente distintos, e posso notar que há um problema.

É assim que inicio a construção do meu sonho: desejando algo diferente e querendo a mudança.

O próximo passo é uma boa formulação de objetivos. Para sairmos do simples desejo e chegarmos ao verdadeiro querer — em outras palavras, para transformarmos um propósito num objetivo concreto — é importante levar em consideração alguns tópicos.

1 — Estar certo de que o objetivo é pessoal

As ações estão nas mãos de quem quer o objetivo. Sim, é fundamental para a maioria dos objetivos que sejam encontrados aliados; não dá para se arvorar a fazer tudo sozinho. Porém, que o controle das ações esteja nas mãos do dono do propósito. Exemplos:

A) Propósito equivocado: *Quero que meus filhos me respeitem.*
Objetivo bem-formulado: *Quero conversar com meus filhos e buscar sintonia com eles. Procurarei respeitá-los e, assim, ensinar-lhes esse valor com meu próprio exemplo.*
B) Propósito equivocado: *Quero me casar com Maria.*
Objetivo bem-formulado: *Quero expressar de uma forma adequada o meu amor por Maria.*

Vale também descobrir se o propósito é de fato pessoal ou se ele é de alguém que quer se realizar através de você. Vejamos o caso a seguir.

Fábio era o primogênito de um industrial riquíssimo. Seus pais queriam que ele se tornasse um administrador de empresas para cuidar dos negócios da família. Fábio cresceu ouvindo que seria o futuro presidente da companhia. Mas, no fundo, ele não se sentia nada empolgado com a ideia. Cursou Administração de Empresas, fez pós-graduação, MBA, mestrado. Se alguém lhe perguntasse o que ele queria da vida, ele respondia meio mecanicamente: "Serei o presidente da empresa." Mas, na verdade, esse era o objetivo de seus pais, e não dele.

Você já se viu em situação parecida? Empurrando-se na direção de um sonho que não é seu ou — quem sabe? — querendo algo que na verdade depende exclusivamente das ações de outras pessoas?

C) Propósito equivocado: *Meu sonho é que minha filha mais velha seja bailarina.*
   Objetivo bem-formulado: *Quero conversar com minha filha sobre sua vida profissional e apresentarei a ideia do balé, respeitando suas decisões.*

2 — Construir mental e verbalmente o objetivo em linguagem positiva

Em vez de pensar ou dizer aquilo que não quer, você pode expressar diretamente o que almeja. O *não* acaba por tornar-se uma abstração que é excluída pela mente e, assim, aquilo que vem em seguida ganha maior importância.

D) Propósito equivocado: *Não quero mais brigar com meus filhos adolescentes.*
   Objetivo bem-formulado: *Quero me comunicar harmoniosamente com meus filhos adolescentes.*

E) Propósito equivocado: *Não quero mais engordar.*
Objetivo bem-formulado: *Quero emagrecer "x" quilos.*

Quando pensamos em linguagem negativa, acabamos por produzir estados favoráveis àquilo que não nos interessa. Quer ver?

Se alguém se aproxima de outra pessoa dizendo: "Não vim aqui para me aborrecer, nem para brigar, nem para discutir com você!", é muito provável que já esteja plantando as sementes de uma grande confusão. Parece mais oportuna uma abordagem do tipo: "É muito importante para mim ouvir sua opinião. Podemos conversar sobre esse assunto?"

A linguagem positiva tem sido muito bem-empregada também em sinalizações nos espaços públicos. Pela sua eficácia, vem substituindo as formas que eram mais tradicionais de orientação, anteriormente negativas:

- em vez de "Não jogue lixo no chão", "Jogue o lixo na cesta";
- em vez de "Em caso de incêndio, não use o elevador", "Em caso de incêndio, use a escada".
- em vez de "Não pise na grama", "Preserve o nosso jardim".

Empiricamente todos podemos perceber que não adianta muito mentalizar coisas do tipo: "Não vou esquecer os documentos, não vou esquecer os documentos..." Muito mais eficaz é: "Vou colocar os documentos na pasta e levar para a reunião."

Quando se trata de comunicação entre pais e filhos, por exemplo, é importante salientar que usar a linguagem positiva é bem diferente de aplicar o jargão tão em voga nos anos 1970: "É proibido proibir." Levado a extremos, esse mote levou muita gente a crescer sem limites e ainda hoje vive criando problemas de toda ordem.

Porém, se for importante dizer não a uma criança, interrompendo o fluxo da sua energia para uma determinada ação, em seguida é valioso dizer sim para outra direção, reforçando a atitude afirmativa. Vejamos: "Filho, não mexa no aparelho do papai. Esse aparelho é para gente grande. Olha só quantos brinquedos estão aqui para nos divertirmos juntos!"

3 — Clarear o contexto, especificar o objetivo

Imagine que o seu gênio da lâmpada é um pouco apalermado e por isso é importante definir direito o desejo que você quer que ele realize. Quando o objetivo está mais claro, sua mente pode ajudar você a alcançar resultados com maior probabilidade de sucesso.

Isso pode funcionar das pequenas às grandes coisas da vida.

Hoje eu resido num apartamento que atende exatamente ao meu propósito definido. Listei as características mais importantes e que me fariam feliz enquanto morador:

- que estivesse próximo ao meu escritório, menos de dez minutos fazendo o percurso de automóvel;
- que estivesse próximo à casa dos meus pais, menos de dez minutos de automóvel;

- que tivesse vista para o mar;
- que fosse situado do décimo andar para cima, pois gosto de apartamentos em andares altos;
- que estivesse dentro do meu orçamento, permitindo que eu o adquirisse com relativa tranquilidade.

Levei oito meses procurando. Foi quando uma grande amiga me falou de um tal apartamento, dizendo também que o corretor poderia mandar as fotos pela internet. Olhei as fotos e depois fui visitá-lo. Era o que eu procurava, e atendia a todos os itens que eu havia especificado. Carecia de uma boa reforma, mas em minha mente já se desenhava exatamente como ele ficaria no futuro. Do meu jeito. Negócio fechado. Hoje converso com a lua debruçado em minha janela, vendo-a prateando o mar à minha frente. Vejo o sol nascer por detrás do horizonte e me sinto muito grato a Deus pela felicidade que sinto em morar no lugar que, um dia perdido numa curva do tempo, era apenas um sonho.

Imagine se alguém disser para você: "Quero encontrar um real sentido de viver, que equilibre as dimensões do ser e do ter, de tal forma que o meu mais profundo eu, essencial, torne-se capaz de se expandir para além da mera existência e encontre uma possibilidade de viver uno com o todo, numa perspectiva imanente e, ao mesmo tempo, transcendente." Você saberia, de fato, do que essa pessoa está em busca? Provavelmente, ela também não sabe... Como sua mente conseguirá ajudá-la na busca de seus objetivos se estiverem definidos dessa forma tão abstrata?

Com um pouco mais de amadurecimento, imaginemos que essa pessoa comece a listar alguns propósitos, tais como fazer ioga, ingressar num curso de meditação transcendental e escrever um livro sobre suas vivências metafísicas. Começamos, então, a ter definições mais claras.

Isso poderá melhorar quando ela estiver com seus objetivos ainda mais definidos:

- tomarei aulas de Hatha Ioga duas vezes por semana;
- farei curso de meditação transcendental duas noites por semana no centro de estudos espirituais que fica no meu bairro;
- escreverei um livro sobre minhas experiências místicas, com aproximadamente duzentas páginas, e editarei de forma independente numa tiragem inicial de mil exemplares, usando para isso alguns recursos que tenho.

Saber o que se quer significa dar o mapa da mina para que sua mente possa dirigir seus passos na direção do sucesso.

4 — Evidências sensoriais/experiência antecipada

O ser humano é o único animal escolhido pela natureza que detém a capacidade de antecipar o sucesso que o futuro ainda vai trazer. Falamos de um atributo maravilhoso, que produz estados de ânimo e encerra grande poder de ação quando bem-utilizado. Trata-se de sonhar acordado.

É fundamental distinguir a pessoa que utiliza esse poder daquelas outras que vivem de fantasia. Quem vive de fantasia contenta-se com o sabor da mentalização e fica parado no tempo, esquecendo que o querer é apenas um poder em potencial. Não basta querer somente. Por outro lado, quem antecipa em pensamento aquilo que quer, pode mais facilmente realizar o impulso subsequente de planejar e agir para que se dê a concretização do objetivo que alimenta.

A PNL aponta os sentidos físicos como poderosos mecanismos de impulso e, portanto, a mentalização é construída no âmbito visual, auditivo, tátil, gustativo ou olfativo segundo o objetivo que se pretende alcançar.

Por exemplo, alguém diz: "Quero comprar um carro novo, marca X, com estofados em couro, vidros elétricos, *air-bag* duplo, na versão SUV e de cor prata." Essa sentença respeita, como podemos ver, os três primeiros pontos de uma boa formulação de objetivos, ou seja: está construída de forma pessoal, numa linguagem positiva e de modo bem-definido e preciso.

Chegando a esse ponto, podemos partir com segurança para a viagem mental.

Visualização criativa: construindo um sonho

Procure uma posição confortável, de preferência sentado e com o rosto ligeiramente voltado para cima, pois isso facilita a construção de imagens.

Entre agora em seu sonho. Busque sentir internamente cada sensação relacionada a esse objetivo, como se agora ele estivesse se realizando e você estivesse dentro dele.

Permita-se ver o seu carro, tanto o interior como o exterior. Observe calmamente cada detalhe.

Sinta o cheiro de carro novo, procure tocar os bancos de couro, passar as mãos sobre o volante, observar com atenção os detalhes do painel. Você ouve a música que toca no aparelho de som e os elogios das pessoas que estão a seu lado, que lhe dão parabéns pelo seu automóvel. Viaje livremente nesta etapa.

Sonhar acordado potencializa as neuroassociações com as quais seu cérebro vai funcionar quando você pensar naquele objetivo, acionando diversos impulsos nervosos simultâneos, que deixarão você mais animado para ir ao encontro do objetivo.

Ter consciência de como é o objetivo a partir das evidências sensoriais pode ser um disparo um pouco subjetivo para alguns temas. Na verdade, não significa que seu sonho, quando atingido, corresponderá nos mínimos detalhes àquilo que você construiu na mente. Poderá, entretanto, ser bem próximo e, assim, surgirá uma sensação de que já alcançou o que buscava e não necessita mais destinar energia nessa direção. O que se quer com essa construção mental antecipada é produzir no presente os estados emocionais que estão associados ao objetivo que se realizará no futuro.

Para muitos, trata-se também de um ímã mental. Assim como ter medo acaba aproximando a realidade que se teme, alimentar o sonho com a mente pode ajudar a construí-lo mais rapidamente.

Há indicações para a construção daquilo que se chama "quadro dos sonhos". Trata-se de um cartaz com recortes — fotos retiradas de revistas — com imagens que evoquem as coisas desejadas, tais como uma casa nova, um carro, lugares do mundo para onde se quer viajar etc. Recomenda-se deixar essa colagem afixada em local visível para que sempre se possa lembrar desses objetivos e sentir antecipadamente as evidências sensoriais de sua concretização.

5 — Verificação ecológica

O objetivo é respeitoso com o todo da sua vida? Ele produz dor, dificuldade, sofrimento ou qualquer dissabor para você ou alguém que está ao seu lado? Para ser concretizado, o objetivo faz você abrir mão de valores como honestidade e integridade moral? O que se ganha e o que se perde durante a caminhada ou na chegada ao objetivo? Essas são perguntas importantes.

Por ser uma checagem final relacionada ao sonho e suas implicações consigo mesmo e com os outros, esse processo é denominado *verificação ecológica*, ou seja, que respeita as subpersonalidades internas de quem sonha e a vida ao seu redor.

O sonho pode trazer conflitos interiores ou exteriores na chegada ou na estrada até sua conclusão.

Imagine que você tem um objetivo que está relacionado à contribuição voluntária. Você quer dedicar cerca de dez horas por semana a um trabalho filantrópico. Sabe que será extremamente prazeroso e que assim proporcionará muita felicidade a outras pessoas. Entretanto, ao questionar a ecologia exterior, percebe que seus filhos reclamarão, pois eles também querem contar com sua presença mais intensamente. Outro caso: no âmbito profissional, um executivo quer chegar à diretoria da empresa, mas sabe que, para tanto, terá que trabalhar muito mais. Provavelmente, será necessário dormir menos, divertir-se menos, desfrutar menos de momentos com a família, e estressar-se mais. Está disposto a pagar esse preço?

É muito comum que aconteçam situações como essas, e muita gente nem sequer pensa em fazer verificações ecológicas, externas ou internas.

Pode ser até que o executivo em questão fique anos a fio sem tirar férias. Seu papel profissional acaba por tomar toda a sua energia, e assim ele alcança seu objetivo. Aí, mais tarde, fica algumas semanas de férias, em completo repouso... no CTI de um hospital, após um enfarte.

As perguntas relacionadas a essa verificação se tornam bem-vindas tanto para os grandes objetivos como para os pequenos.

Lembro de uma jovem que se empenhava para atingir um objetivo — falar fluentemente o idioma inglês —, mas não conseguia, embora já tivesse feito quase todos os tipos de curso existentes. Ela definiu bem seu objetivo: "Quero falar o idioma inglês com fluência, o suficiente para poder estudar e trabalhar nos Estados Unidos, de tal forma que eu possa lecionar nesse idioma." Todos os pontos de boa formulação foram bem-atendidos, inclusive o quarto item, a experiência mental antecipada. Tudo direitinho.

No momento da verificação ecológica, em que ponderou o que ganharia e perderia com a realização do objetivo, foi muito fácil perceber o que lucraria. Teria maiores rendimentos com o trabalho no exterior; quando voltasse ao Brasil, após alguns anos, seria uma profissional mais valorizada; aprenderia muito com a possibilidade de viver imersa numa cultura diferente e assim por diante. Contudo, quando se perguntou sobre o que perderia, veio uma resposta curiosa. Alguma coisa dentro de si, uma subpersonalidade que emergira, de repente gritou: "Perderei meus amigos, pois me transformarei numa pessoa arrogante e boçal!"

O processo a fez recordar de um momento de sua vida, ainda criança, quando estudava Inglês na escola. Duas de suas colegas de classe, meninas ricas, além de estudar o idioma na escola, tinham professores particulares. Obviamente, eram delas as melhores notas na sala e, por isso, posicionavam-se com prepotência, fazendo com que todos as considerassem muito "metidas". Nos momentos em que a professora perguntava algo na sala, eram elas que sempre respondiam, e o faziam com ar de superioridade. Assim, houve um aprendizado distorcido que a memória trouxe à tona, a partir do qual se criou uma subpersonalidade que acreditava: "Saber falar inglês é tornar-se metido e arrogante e, consequentemente, perder amigos." De fato, as duas meninas eram muito sozinhas e antipatizadas por todos os colegas.

Outro caso interessante. Um homem definiu seu objetivo: "Quero melhorar meu relacionamento com meus dois filhos adolescentes." Ao fazer a verificação ecológica, surgiu a seguinte perda: "Terei que abrir mão da minha autoridade de pai."

Podemos perceber que algumas perdas são, na realidade, fantasiosas. Não se pode conceber que todas as pessoas que aprendam a falar Inglês estão fadadas a ficar sem amigos ou a se tornarem arrogantes, nem que melhorar o relacionamento com os filhos ocasione, fatalmente, perda de autoridade. No entanto, foi assim que as subpersonalidades geradas se construíram, com base em crenças limitantes, e, consequentemente, puderam boicotar os objetivos, apesar de todos os ganhos que trariam.

Ao se perceber a perda, é importante verificar, inicialmente, se ela é fantasiosa. Em segundo lugar, vale organizar-se para compensar ou minimizar as perdas apontadas. No caso do executivo que queria ser diretor, é possível reservar tempo para o lazer e o repouso. Em se tratando daquele indivíduo que buscava doar horas de sua semana ao trabalho voluntário, vale priorizar também algum tempo para a convivência familiar.

Uma verificação ecológica bem feita pode fazer inclusive com que se reveja o próprio objetivo.

Célia quer muito comprar um carro importado. Define seu objetivo: "Quero um Audi A5, cor preta, completo, zero km e com teto solar."

Ao verificar ecologicamente, sente que há algo estranho. Uma parte sua lhe diz que haverá uma perda: a sensação de insegurança. Célia, por conta de seu trabalho, anda muito de carro à noite, e esse automóvel importado chamaria muita atenção. Percebe então que sempre houve boicote interno de uma subpersonalidade e, portanto, ela não conseguia chegar a seu sonho por mais que se esforçasse.

Além disso, percebe também que a ideia de ter especificamente esse automóvel surgiu em consequência da compra de um carro importado por parte de uma de suas amigas, o que lhe produziu certa inveja. Ao se organizar melhor interiormente em relação ao seu objetivo, nota que um bom carro nacional lhe atenderia muito bem. E isso também seria mais *ecológico*, tanto no que diz respeito a suas finanças como ao valor *segurança*.

> Por que será que Deus não nos deu
> o poder de mudar o passado?
> Porque já havia nos dado o magnífico poder de,
> a cada dia, construir o futuro.

Reflexão

As duas aves

Numa bela árvore de copa grande e repleta de frutos, debate-se uma ave.

Ela está nos galhos mais baixos e nervosamente voa daqui pra lá e de lá pra cá.

Sente-se angustiada, sem nem saber o porquê, enquanto bica os frutos da parte inferior da árvore. Eles são verdes e azedos.

A ave ingere alguns e cospe outros fora. "Que frutos ruins!", pensa ela. Solta trinados feios e dissonantes.

Em dados momentos, olha para cima e vê outra ave nos galhos mais altos. É uma ave muito bela e altiva. Sua plumagem reluz com os raios dourados do sol nascente. Ela parece cantar de forma diferente e a melodia se espalha por toda a mata.

A ave de baixo inspira-se naquela visão e se anima a subir um pouco mais. "A ave de cima parece tão feliz... Os frutos de lá devem ser mais doces", conclui. No fundo, sente inveja da ave de cima.

Faz um esforço e sobe para galhos mais altos.

Ainda se agita nervosamente. Pula de um lado para o outro. Debate-se menos, no entanto.

Os frutos dos galhos que alcança agora parecem um pouco mais saborosos.

Para por um instante e olha para cima. Busca inspirar-se na ave do alto. E lá está ela. Bem no topo. É, de fato, muito linda.

Uma sensação poderosa de ânimo toma conta da ave de baixo e, mais uma vez, ela se lança em voo ascendente. Quanto mais sobe, mais os frutos parecem melhores, mais doces.

Curiosamente, ela se agita menos à medida que sobe. Vai se sentindo mais forte, segura e cheia de paz. Seu canto também se torna mais belo.

De repente ela alcança o topo. Os frutos de lá são verdadeiramente deliciosos.

Procura, curiosa, a ave de cima que foi sua grande inspiradora. Mas não consegue enxergar ninguém além de si mesma. Aí então surge uma compreensão valiosa: a ave de cima era ela própria. Seu eu futuro que a animava a subir e a convidava a crescer sempre.

A ave agora canta feliz.

E seu canto agora é doce. Tão doce quanto os frutos que saboreia no topo...

CAPÍTULO 7

INTEGRAÇÃO E AÇÃO: MÃOS À OBRA!
MÃOS DE CORPO E ALMA, CERTO?

Recado da onda

Assumi há muito tempo minha missão de esculpir as rochas. Antes tão feias, agora elas mostram arte em seus entalhes, reentrâncias e saliências.

Minha força vem transformando a falésia, pois me lanço com energia sobre a dura superfície, com toda a vontade de que a Mãe Natureza me dotou.

No entanto, normalmente as minhas primeiras investidas nada transformam. Lanço minha água e nada muda à primeira vista.

Persisto e continuo trabalhando até que, mais tarde, um milhão de vezes mais tarde, algo diferente surge. Um sulco, uma fenda, uma abertura se mostra de repente.

Não foi apenas a milionésima investida minha que produziu a transformação, e sim o somatório de todas as vezes em que fui perseverante.

Valeu ter me lançado desde a primeira vez. Valeu ter confiado. Valeu ter sido corajosa e paciente.

Nesse exato momento, a maré vazante me afasta e posso contemplar minha obra. Gosto do que vejo. Não seria a mesma coisa sem mim.

VIMOS ATÉ AQUI uma série de conceitos e ideias que favorecem processos de transformação. Na verdade, este livro não se propõe a transformar você. O que ele busca, honestamente, é disparar em você seu potencial autotransformador. Ninguém transforma ninguém. Mas é possível estimular esse dinamismo interior, e que muitos possuem apenas em estado latente.

Sobrevoamos diversos aspectos relacionados à PNL e a escolas espirituais, bem como foram apresentadas visualizações e técnicas úteis. Trata-se de uma estrada. Convido você, agora, a percorrê-la com mais vontade ainda.

Uma vez descobertas as *tolerâncias*, identificados os problemas, definidos seus propósitos em âmbitos diversos e transformados a seguir através de uma boa formulação de objetivos, cabe agora comprometer-se consigo mesmo. Melhor dizendo: comprometer-se com seu *eu futuro*.

Em algum lugar do futuro alguém o aguarda. Esse alguém quer lhe agradecer por tudo o que você fez para que ele pudesse ser quem é. Imagine-se caminhando na direção dele, empenhado em, a cada ação, estar mais próximo, a tal ponto que você e ele sejam um só.

De todos os futuros possíveis, há aquele que é o seu futuro predileto. É lá que se encontra esse ser feliz, seu eu futuro. Todos temos o direito de achá-lo e o compromisso de buscá-lo. Não se trata de *ter que* e sim de *querer*.

Você já tem motivos para ser feliz e poderá ser mais ainda quando alcançar os galhos mais altos da árvore. Comece agora mesmo a definir um programa de transformação que envolva todas as categorias de objetivos estabelecidas e procure traçar metas, estipulando datas para sua concretização.

Assim sendo, crie seu quadro de transformação, relacionando pelo menos 3 metas para longo (7 anos), médio (3 anos) e curto prazos (6 meses). É importante também lembrar de colocar ações imediatas que tenham a ver com cada um deles. Pode ser começar a ler um livro que está na prateleira ou telefonar para alguém em quem você confia a fim de falar sobre seu objetivo. Pode ser pegar a agenda e escrever o que você quer alcançar, ou mudar o cardápio de sua próxima refeição. Ações imediatas, como o próprio nome diz, são posturas para se fazer já, e que estão diretamente ligadas a seu objetivo. Visam aproveitar seu impulso e dar uma sacudida na inércia.

Que tal, então, começar a preencher agora o quadro a seguir?

	Longo prazo (7 anos)	Médio prazo (3 anos)	Curto prazo (6 meses)	Ações imediatas
Corpo físico: estética e saúde				
Autorrealização				
Símbolos materiais/ sonhos de consumo				
Lazer, aventura e diversão				
Espirituais/sonhos de partilha				
Profissionais/ financeiros				
Afetivos/de relacionamento				

Será valioso reler, no capítulo 6, os aspectos relacionados a uma boa formulação de objetivos — saber querer. Você pode usar este livro como um manual para orientar a construção do seu plano de transformação.

Fechando um ciclo e abrindo outro

Uma vez conheci uma pessoa que vivia uma série de dificuldades e que queria fazer mudanças importantes em sua vida.

Acreditando no poder transformador das metáforas, baseei-me nas orientações do mestre Milton Erickson, o pai da hipnose naturalista, e escrevi-lhe um conto.

No rico trabalho que Erickson nos legou, podemos encontrar uma forma indireta de indução à transformação, fazendo uso de fábulas, nas quais inseria aspectos importantes que poderiam impulsionar mudanças em seus pacientes.

O conto que se segue fez diferença na vida daquela pessoa e aqui converte-se em meu abraço de despedida. Sou um contador de histórias, e acho que essa é a melhor forma de lhe dizer *Até logo*.

Espero que, de alguma forma, tenhamos estabelecido uma conexão, e que este livro tenha ajudado você em suas andanças. Vale ler outras vezes e até abrir ao acaso, a fim de absorver algo que seu inconsciente queira lhe sugerir.

Incentivo você também a ficar sempre atento às importantes ferramentas transformadoras da PNL e que possa se utilizar delas para seu próprio crescimento, além de ajudar aqueles que estão a seu lado. Que tal ler mais sobre o tema? Fazer cursos é igualmente importante.

    Deixo você agora consigo mesmo e com esta menina, a protagonista do conto. Em vários momentos você já deve ter agido ou pensado como ela.

    Desejo-lhe grandes descobertas, e muita mudança — para melhor.

Reflexão

A menina e as árvores

Era uma vez uma bela menina que vivia perto de uma floresta. Morava num pequeno chalé de madeira, ajardinado.

    Ela gostava de olhar as plantas e árvores da mata e queria cuidar delas para que, um dia, a floresta se transformasse num jardim e fosse perfeitamente organizada e feliz, como ela sempre sonhara.

    A mata possuía uma mangueira alta, uma goiabeira frondosa e um jambeiro bem-encorpado. A menina retirava os gafanhotos da mangueira, arrancava a trepadeira que insistia em subir na goiabeira e retirava todas as ervas daninhas que brotavam no chão, perto do jambeiro. Todos os dias ela se sentia na obrigação de fazer esse trabalho, pois não sossegaria enquanto a mata não estivesse perfeitamente organizada. Queria fazer o bem para a floresta, mas, no fundo, queria a perfeição em sua obra.

Quando a menina chegara até aquela região, o antigo dono das terras, um mago muito sério e respeitado, dissera-lhe que deveria ser boa para ser feliz. Logo em seguida, o mago se foi, desaparecendo em meio à névoa da madrugada. E ela entendeu que ser boa era cuidar de tudo e não deixar nada faltar.

Curiosamente, a menina tinha ouvidos mágicos, que escutavam a linguagem das plantas. Ouvia reclamações da mangueira que gritava: "Ai! Há muitos gafanhotos em minhas folhas!" E lá ia a menina para eliminá-los. Ouvia a goiabeira dizendo: "Ora, mas que abuso! Essa trepadeira não se cansa de subir em mim. Desse jeito, vai impedir que o sol me banhe e vou acabar morrendo!" E lá ia a menina para dar um jeito nisso também. Quando já ia descansar um pouco, escutava o jambeiro gritando: "Socorro! Olha quantas ervas daninhas estão nascendo aqui ao meu lado! Elas vão roubar os nutrientes da minha terra e ai de mim!" Imediatamente, a menina saía para capinar o terreno e resolver mais esse problema.

O tempo ia passando e nunca a mata virava jardim — a perfeição não acontecia, porque perfeição não é para acontecer mesmo. E também nunca as árvores paravam de se queixar e de chamar a menina, que já estava se sentindo muito enfraquecida.

Sempre havia uma sensação de frustração, pois parecia uma tarefa interminável, um cansaço grande tomava conta dela. Sobretudo quando as árvores brigavam entre si. A mangueira se irritava com as flores que o jambeiro jogava no chão. O jambeiro não aceitava a aparência dos galhos tortos da goiabeira, que, por sua vez, reclamava porque a mangueira tinha raízes espaçosas demais. Os desentendimentos eram tão frequentes que a menina já não os conseguia controlar, e assistia às árvores arrancando as folhas umas das outras.

Um dia a menina percebeu que precisava de ajuda.

Havia uma tribo de índios ali perto com cinco sábios anciãos. Eram pajés, que acompanhavam a menina de longe, mas a amavam muito e queriam seu bem.

Quando a menina chegou até a aldeia para lhes contar sobre os problemas que vivia, os cinco pajés já estavam aguardando a sua chegada. A menina olhou para eles espantada, pois em seus olhos eles mostravam grande brilho, e ela sentia que eles tinham respostas importantes para ela.

Sentou-se então à frente dos índios. O mais velho de todos começou a falar:

— Menina, nós observamos sua vida e já sabemos o que lhe acontece. Vimos, na fumaça da fogueira sagrada, tudo o que vem passando e queremos encontrar, junto com você, novos caminhos.

— Que bom! Mas antes me deixe explicar que preciso cuidar da mata, das árvores. É meu dever fazer tudo ficar perfeito — disse a menina. — Quero também dizer-lhes da minha dor, pois as árvores não me deixam em paz. Não posso descansar, pois elas sempre me chamam... E me maltratam também.

— Nós já sabemos o que você vem fazendo. Como dissemos, já vimos seu passado e seu presente na fumaça da fogueira sagrada. Sabemos da sua dor, e ela é grande; e queremos mostrar-lhe caminhos para o futuro. Isso é o que nos importa.

A menina então silenciou. Era necessário silenciar e abrir-se para receber as respostas.

Os cinco índios sábios então lhe apresentaram, cada um a seu turno, um caminho:

— Primeiro caminho: *Buscar a liberdade para si*. A liberdade é um bem precioso. Você pode aprender com a natureza. O rio não se prende a regras. Se as chuvas forem muito fortes, ele transborda, sai do leito, muda o curso, alaga as regiões ribeirinhas. Se a estação for seca, ele diminui a vazão, quase desaparece, virando um riacho. Ele muda mostrando que é livre e flexível. Busque para si essa mesma leveza, essa liberdade, de às vezes ser diferente do que esperam de você; liberdade de mudar e de surpreender os outros. O rio nem sempre é bonzinho, e por isso mesmo ele é tão forte e respeitado.

— Segundo caminho: *Buscar a liberdade para o outro*. Ainda aprendendo com a natureza, saiba que tudo acontece no seu ritmo e no seu tempo. Um homem cheio de boas intenções resolveu ajudar uma linda planta a florir mais rápido. Achava que se ficasse ao seu lado ela iria se nutrir de amor. Ele se aproximava, sentava-se ao lado da planta e conversava com ela. Às vezes, até cantava para ela. Passava horas e horas do dia ali, querendo ajudar sua planta a produzir as mais belas flores. Mas, ao contrário, as folhas foram se tornando mirradas e murchas, e nenhuma flor despontava. Foi aí que ele percebeu que, por ficar tanto tempo ao lado da planta, estava impedindo que o sol a banhasse. Sim, ele estava jogando sombra sobre ela. Foi fundamental descobrir que era preciso deixá-la mais tempo sozinha. E só assim ela conseguiu florescer. Portanto, liberte as árvores. Abdicar do poder sobre o outro é saber desapegar-se e permitir que ele encontre luz sozinho também. Quando libertamos o outro, deixamos que aprenda com seus próprios erros; permitimos que seu fluxo de crescimento aconteça.

— Terceiro caminho: *Buscar o perdão para si*. Perdoar a si mesma é ser autoindulgente, abrindo espaço para uma vida mais feliz, dizendo com convicção: "Estou crescendo, quero aprender e mudar, mas não me obrigo a atingir a perfeição." Os erros do passado ficaram lá atrás, numa curva do tempo. A natureza nos ensina que não vale a pena uma árvore chorar eternamente o fruto que deixou cair antes do tempo. Se assim ela fizer, não poderá olhar a beleza daqueles outros que já estão amadurecendo.

— Quarto caminho: *Buscar o perdão para o outro*. Perdoar não é esquecer. Mas é recordar de outra maneira. Às vezes, erigimos altares à mágoa e ao rancor. Permitir que se vá qualquer desventura é bênção preciosa, é atitude inteligente. O mal só nos alcança quando assim permitimos. Não é o outro que nos fere, somos nós que nos ferimos com algo que o outro fez. As mãos dos índios devem estar sadias, não podem ter ferimentos, quando vão extrair a seiva do pau-roxo, pois ela é venenosa. Mas se a seiva entrar no corpo de algum índio e ele adoecer por conta disso, não poderá responsabilizar a planta. O problema era a sua mão que estava ferida, aberta. Aquilo que alguém fez, deixemos no passado, que é o seu lugar, sabendo que só nos atingiu porque, de alguma forma, abrimos espaço para tanto.

— Quinto caminho: Esse quinto caminho não é algo para ser compreendido por meio de palavras. É algo para ser percebido com a alma.

E, dizendo isso, o velho pajé retirou um grande cristal mágico de uma cesta. E com a bela e reluzente pedra nas mãos, prosseguiu:

— Observe essa pedra. Ela não é o céu, mas reflete o céu. Ela não é a terra, mas reflete a terra. Não é o fogo, mas reflete o fogo. Guarde em suas mãos o poder de ser o que você quiser, refletindo aquilo de que você se aproxima. Observando esse cristal, peça ao Alto que lhe derrame luz e paz para seguir em frente, construindo seu futuro. Você é a única pessoa que tem esse poder! Leve esse presente: o cristal do autoencontro.

A menina, emocionada, ficou ali olhando o cristal enquanto os cinco índios se afastavam. E, através da pedra, ela pôde ver muita coisa. Era como se a sua percepção tivesse aumentado. Ela viu, por exemplo, que, de tanto dar atenção às arvores da mata, o jardim do seu próprio chalé estava abandonado. A pequena rosa, o lírio e o crisântemo estavam murchos e amarelados, tristes... Ela também viu, em uma das faces espelhadas do cristal, que ela mesma merecia cuidados. Lembrou que sua vida era também um jardim precioso e que era o momento de dar a si uma boa dose de atenção. Ali, em meio a tantas descobertas, desligou-se das coisas por algum tempo. Olhando para o cristal mágico parou de escutar os gritos das árvores e sentiu-se pronta a percorrer os seus próprios cinco caminhos.

Depois de alguns dias afastada, retornou. Estava até curiosa em saber o que havia acontecido com a mata e as árvores em sua ausência.

Chegando de volta, notou que a mangueira tinha encontrado sua própria forma de espantar os gafanhotos, derramando seiva sobre partes de seu caule. Havia feito tentativas e encontrou uma saída por si mesma. Não estava tão bonita como antes, mas havia se fortalecido e na próxima primavera não teria mais problemas com as pragas. Certamente voltaria a ser frondosa e bela como antes. A goiabeira, por sua vez, acabou permitindo que a trepadeira se instalasse em seu tronco, e viu que era possível ter essa inquilina em seu corpo. Não teria a mesma quantidade de sol sobre suas folhas, não brilharia sozinha, mas poderia permitir mais frutos à mata, pois a trepadeira era, na verdade, um pé de maracujá. De outro lado, o jambeiro viu que as ervas daninhas cresceram, mas não o ameaçavam de verdade. Havia terra para todos. As borboletas gostaram das ervas que nasceram, pois tinham flores. Os pássaros agradeciam a presença do capim que eles usavam para fazer seus ninhos e cujas sementes lhes davam refeição saborosa.

A mata não estava perfeita como a menina queria, não podia ser chamada de *um jardim*, mas quem é que pode dizer como é que deve ser a perfeição? A menina viu que a natureza deu um jeito de resolver as coisas e que ela podia agora olhar para dentro de si.

Refletiu sobre as palavras do mago: "Você precisa ser boa para ser feliz", e agora as interpretou de outro modo. Era fundamental que ela fosse boa, antes de qualquer coisa, para si mesma, a fim de alcançar a felicidade.

Voltando ao seu chalé, colocou o cristal mágico sobre uma mesa e decidiu que viveria buscando caminhos novos. Decidiu que, a partir daquele dia, tudo ia mudar. O cristal mágico do autoencontro iria nortear seus passos, pois dentro de si estavam todas as respostas. Olharia mais seu próprio jardim, cuidaria de suas próprias coisas.

A partir daquele dia, teve um universo maior de alternativas e, quando alguma árvore começava a chamá-la, tinha total liberdade de escolher se queria ou não interferir. Em virtude disso, as árvores aprenderam a crescer sozinhas. A menina, depois de alguns anos, foi chamada à aldeia. Os cinco pajés queriam saber como ela estava. Percebendo como havia se tornado sábia, permitiram que fosse, mesmo jovem, a sexta anciã da tribo que, com sua experiência, começaria a ajudar outras pessoas, sem jamais esquecer de si mesma.

Recado final

Seja gentil consigo mesmo. Respeite seu próprio ritmo e seu próprio tempo. E lembre sempre de comemorar cada transformação valiosa que perceber, cada objetivo alcançado. A vida também é feita de celebração.

*Meu e-mail é kaumasc@yahoo.com.br e meu site:
www.kaumascarenhas.com.br*

Conexão é algo realmente valioso. Nas redes sociais Facebook, Instagram, Twitter e Periscope podemos continuar trocando ideias. No meu canal do YouTube você terá a possibilidade de obter mais informações assistindo aos meus vídeos.

Sinta-se à vontade para dar feedback acerca do livro e compartilhar suas impressões, bem como algum resultado que queira relatar. Suas observações são muito importantes para mim.

Este livro foi composto na tipologia Minion
Pro Regular, em corpo 11,5/16, e impresso
em papel off-white no Sistema Cameron da
Divisão Gráfica da Distribuidora Record.